Boul

Linda Joy Singleton

Traduit de l'anglais
Lynda Leith

ADA
J·E·U·N·E·S·S·E

Copyright © 2004 Linda Joy Singleton
Titre original anglais : Witch Ball
Copyright © 2008 Éditions AdA Inc. pour la traduction française
Cette publication est publiée en accord avec Llewellyn Publications, Woodbury, MN

Éditeur : François Doucet
Traduction : Lynda Leith
Révision linguistique : Féminin Pluriel
Révision : Nancy Coulombe, Suzanne Turcotte
Design de la page couverture et illustration de la boule de cristal : Lisa Novak
Montage de la page couverture : Matthieu Fortin
Mise en page : Sebastien Michaud
ISBN Papier 978-2-89667-416-9
ISBN PDF Numérique 978-2-89863-047-3
ISBN ePub 978-2-89683-391-7
Première impression : 2008
Dépôt légal : 2008
Bibliothèque et Archives nationales du Québec
Bibliothèque Nationale du Canada

Éditions AdA Inc.
1385, boul. Lionel-Boulet
Varennes, Québec, Canada, J3X 1P7
Téléphone : 450-929-0296
Télécopieur : 450-929-0220
www.ada-inc.com
info@ada-inc.com

Diffusion
Canada :   Éditions AdA Inc.
France :   D.G. Diffusion
                Z.I. des Bogues
                31750 Escalquens - France
                Téléphone : 05-61-00-09-99
Suisse :   Transat - 23.42.77.40
Belgique :   D.G. Diffusion - 05-61-00-09-99

Imprimé au Canada

Participation de la SODEC.
Nous reconnaissons l'aide financière du gouvernement du Canada par l'entremise du
Programme d'aide au développement de l'industrie de l'édition (PADIÉ) pour nos activités
d'édition.
Gouvernement du Québec - Programme de crédit d'impôt pour l'édition de livres - Gestion
SODEC.

Catalogage avant publication de Bibliothèque et Archives Canada

LINDA JOY SINGLETON demeure dans le nord de la Californie. Elle a deux grands enfants et le soutien de son merveilleux mari qui adore voyager avec elle à la recherche d'histoires inhabituelles.

Linda Joy Singleton est l'auteure de plus de vingt-cinq livres, y compris ceux des séries *Regeneration*, *My Sister the Ghost*, *Cheer Squad* et de Llewellyn, *Rencontres de l'étrange*.

À Linda Burns,
une remarquable Amie Fantôme qui partage
mon amour des séries de livres et de la
téléréalité.

1

MARDI

— Allez, Sabine, crache le morceau ! dit Penny-Love pendant que les pom-pom girls se pressaient plus près de moi autour de la table. Comment était ton grand week-end ? Josh a-t-il aimé tes parents ? Et eux, ont-ils aimé Josh ? Êtes-vous allés en douce dans ton ancienne chambre, toi et lui ?

Tout le monde rigolait, et je rougis. Quand Penny-Love m'avait invitée à me joindre à elle et à quelques autres pom-pom girls chez Pepper's Pizza après l'école, je pensais qu'elles allaient discuter de leurs projets pour la kermesse du Club des champions. J'ignorais que ma vie amoureuse serait au menu. Fiez-vous à la reine des potins pour transformer la fête d'anniversaire de mes sœurs jumelles en une partie de plaisir déchaînée.

— Non, répondis-je fermement, Josh n'a *pas* vu ma chambre.

— Qu'a-t-il vu, *précisément* ?

— Rien.

Penny-Love rejeta ses cheveux roux frisés dans son dos en se tournant vers les autres filles.

— Que toute personne qui croit cela lève la main.

Je les regardai tour à tour à la recherche d'un appui, mais Jill, Catelynn et Kaitlyn étaient toutes gagnées à Penny-Love. Elles sirotaient des boissons gazeuses et se penchaient en avant, ne voulant de toute évidence manquer aucun mot croustillant de l'affaire. Un court moment, je fus prise de panique — comme un lapin pris au piège et entouré de chasseurs. Je lançai un regard vers le comptoir à pizza, espérant que notre commande arriverait bientôt et que je n'aurais pas à répondre. Cette situation était *exactement* celle que j'avais souhaitée — être acceptée, admirée même, par des amies populaires. Depuis que j'avais commencé à fréquenter une nouvelle école secondaire, j'avais fait beaucoup d'efforts pour m'intégrer comme si j'étais une fille normale. Parler de ma vie amoureuse n'était pas cher payé.

— C'était simplement une fête pour l'anniversaire de mes sœurs, dis-je en haussant les épaules. Elle a eu lieu dans un parc d'attractions, puis quelques-uns d'entre nous sont allés à la maison pour voir mes sœurs déballer leurs cadeaux. Josh a été assez gentil pour m'accompagner.

— A-t-il eu quelque chose à déballer ? demanda Penny-Love avec un clin d'œil entendu.

— Non !

Je lui donnai une légère tape sur le bras.

— Tu es tellement malicieuse.

— C'est un don, me taquina-t-elle.

Tout le monde rit, et je me forçai à sourire, même si le mot « don » me fit grincer des dents. Si mes amies connaissaient ma capacité à avoir des visions psychiques, elles me croiraient folle. Après ce qui s'était passé à mon ancienne école, j'étais plus prudente.

Je leur racontai donc toutes les choses piquantes à propos de Josh ; il était arrivé tôt parce qu'il désirait s'arrêter en route dans un endroit romantique ; il m'avait offert un chocolat, et, lorsque la friandise avait fondu dans ma bouche, ses lèvres avaient fondu sur les miennes pour un baiser chocolaté. Elles s'exclamèrent « Ooooooh » en cœur et elles voulurent en savoir davantage, mais je gardai mes commentaires acceptables pour les oreilles des 13 ans et moins, même si, en fait, il n'y avait eu aucun moment qui aurait pu être classé pour adultes seulement. Josh n'était pas comme ça. En fait, il avait un sens moral si élevé que je surveillais mes paroles quand j'étais avec lui. Il y avait certaines choses qu'il n'avait pas besoin de savoir.

Les pizzas arrivèrent, et je tendis la main pour prendre une part débordante de champignons et de pepperonis. Des odeurs de fromage fumant et de tomate envahirent l'air autour de nous pendant que nous renoncions à parler pour manger. Après quelques minutes, je remarquai que Jill fixait du regard un cahier de notes et qu'elle touchait à peine à sa pizza.

Jill leva la tête et frappa sur la table avec sa fourchette.

— Écoutez-moi toutes, exigea-t-elle de sa voix sérieuse de capitaine d'équipe. Vous savez pourquoi j'ai convoqué cette réunion d'urgence.

Je levai les sourcils. Non, je ne savais pas. Penny-Love n'avait pas mentionné d'état de crise. Avait-elle un motif caché de m'inviter ? Je lui jetai un regard méfiant — qu'elle ignora.

— La kermesse est dans deux jours, et nous avons de gros problèmes. Voici ma liste de choses à faire.

Jill repoussa son assiette et ouvrit son cahier de notes. Elle rédigeait perpétuellement des listes, et elle était respectée en tant que personne qui prenait les choses en mains et pouvait donner des ordres aux gens sans passer pour une chipie.

— Nous avons besoin de fard pour le stand de maquillage artistique, d'un professeur volontaire pour le stand de « Coulez le professeur », et nous devons en occuper trois autres qui sont vides. Des idées ?

— Je propose de couler mon professeur d'algèbre, dit à la blague Kaitlyn. Elle avait un sens de l'humour excentrique, à l'opposé de sa très studieuse meilleure amie Catelynn.

— Je préférerais couler monsieur Blankenship, dit Penny-Love. Ses affreuses cravates et ses complets en polyester constituent un crime ; il mérite qu'on le coule.

— Pourquoi pas le directeur Cowboy à la place d'un professeur ? suggéra Catelynn. Il a un bon sens de l'humour et il pourrait très bien accepter de le faire.

Je n'étais pas une pom-pom girl — plutôt une mascotte, comme disait Penny-Love pour me taquiner —, je ne fis donc pas de commentaires. J'écoutai sans dire un mot, et je me surpris à flotter au-dessus d'elles, observant la scène. Mais je me reconnus à peine. La fille qui était moi avait l'air heureux, comme si elle avait sa place parmi ce petit groupe intime de chevelures magnifiques, de corps encore plus remarquables, dont les membres étaient des plus populaires. Aux yeux de mes amies, ma vie semblait sans doute parfaite. J'avais de bonnes notes, je faisais partie du journal de l'école et j'avais un petit ami séduisant à souhait. Penny-Love se plaignait sans cesse de ses voyous de frères et de ses parents sévères, et elle pensait que j'avais la vie facile, avec ma grand-mère.

Elle avait à la fois raison et tort. Habiter avec Nona, c'était merveilleux, mais l'idée n'était pas de moi. À la suite d'un scandale à mon ancienne école provoqué par le fait que j'avais prédit la mort d'un sportif vedette, ma mère m'avait chassée de la maison. Nous ne nous étions pas parlé pendant des mois. Elle n'avait même pas voulu de ma présence à la fête-anniversaire de mes sœurs, mais j'y étais allée quand même et, contrairement au désastre que j'attendais, les choses s'étaient assez bien passées. Maman avait été impressionnée par Josh, et elle avait semblé presque à l'aise avec moi.

— Alors, qu'en penses-tu, Sabine ? me demandait Jill.

Je levai les yeux brusquement et rencontrai leur regard dirigé vers moi comme si j'avais de la sauce à pizza sur le nez. Je me passai la main sur le visage.

— En parlerais-tu à Manny pour nous ? dit Jill.

— Heu… Bien sûr.

Je gardai le silence un instant.

— De quoi ?

— Le stand de diseur de bonne aventure. N'as-tu rien entendu de ce que je viens de dire ?

Quand je haussai les épaules, honteuse, Jill m'expliqua.

— Penny-Love dit que tu es vraiment proche de Manny DeVries, et il épate tout le monde avec sa chronique de Manny le voyant dans le journal de l'école ; il ferait un merveilleux diseur de bonne aventure, à notre kermesse. Tu crois qu'il le ferait ?

Je lançai un regard sévère en direction de Penny-Love. Était-ce un coup monté de sa part ? Je gardai toutefois mon malaise pour moi, et je haussai les épaules comme si ce n'était pas grave.

— Impossible de prédire ce que Manny fera.

— Vas-tu le lui demander ? insista Jill, avec un sourire auquel il était quasi impossible de résister.

— Allez, Sabine, supplia Penny-Love. Demande-le-lui de notre part.

— D'accord. Je lui parlerai à l'école demain, mais je ne garantis rien.

— Parfait !

Tout le monde me souriait, et je me sentis privilégiée de faire partie de ce groupe charmant. Je ne voulais pas les décevoir, et j'espérais qu'il accepterait. Manny était un mélange complexe d'ego, d'honnêteté et d'ambition.

Il se nourrissait de son statut de marginal, et il était admiré pour son audace. Il s'était révélé un ami de confiance, et il était l'une des deux seules personnes qui savaient que j'étais voyante.

On fit d'autres plans pour les stands tandis que les parts de pizza disparaissaient et que les verres étaient remplis de nouveau. La conversation dévia sur Penny-Love (comme d'habitude), et elle raconta à tout le monde que ma grand-mère avait l'intention de l'engager comme assistante « de l'amour ». Nona dirigeait Fusions d'âmes sœurs, un service de rencontres en ligne, mais de sérieux problèmes de santé l'avaient récemment incitée à engager une assistante. Je m'inquiétais pour ma grand-mère, et j'avais acheté un téléphone portable peu de temps auparavant afin qu'elle puisse me contacter si elle avait des ennuis.

Donc, lorsque mon téléphone sonna, je laissai tomber ma pizza.

C'était Nona — et elle semblait affolée.

— Rentre vite à la maison ! cria-t-elle. C'est la boule de cristal ensorcelée !

2

JE DISSIMULAI MON ANXIÉTÉ À MES AMIES, LEUR
disant que je devais partir parce que ma
grand-mère avait besoin de mon aide pour
dégivrer le congélateur. C'était une excuse
boiteuse, mais Penny-Love aurait insisté pour
m'accompagner s'il s'était agi de toute autre
chose que d'une urgence domestique. Je ne

voulais pas que la reine des potins soit au courant du côté bizarre de ma vie.

Alors que je pédalais vers la maison, mon esprit tournait plus vite que mes jambes sur mon vélo. La voix de Nona avait paru si effrayée, pire que lorsqu'elle avait des pertes de mémoire et qu'elle ne trouvait pas ses clés ou des papiers importants. Malgré sa maladie qui empirait, elle restait toujours positive et confiante. Habituellement, c'était moi qui m'appuyais sur elle. C'était pourquoi son appel paniqué me mettait vraiment les nerfs en boule. Que signifiait son message mystérieux ?

La boule de cristal ensorcelée.

Une lointaine parente me l'avait offerte il y avait un peu plus d'une semaine. La sphère brillait des couleurs de l'arc-en-ciel en raison des éclats de cristal emprisonnés dans le verre clair. Elle était si jolie, à l'évidence une anti-quité exceptionnelle, et j'avais eu hâte de la montrer à Nona. Mais, plutôt que de se montrer admirative, elle m'avait ordonné : « Éloigne cette chose ensorcelée de ma vue ! »

— Ensorcelée ? lui avais-je demandé avec étonnement. Tu n'es pas sérieuse. Ce n'est qu'une boule de verre.

— Une boule de *cristal ensorcelée*, me corrigea-t-elle.

La réaction de Nona m'avait laissée complètement perplexe, et je m'étais demandé si
la paranoïa était un autre symptôme de sa
maladie. D'accord, la boule émettait d'étranges
vibrations, mais c'est ce qui la rendait fasci-
nante. Les antiquités contenaient souvent de
l'énergie du passé ; plus elles étaient vieilles,
plus cette énergie était forte. Dès que j'avais
tenu la boule entre mes mains, j'avais été intriguée par l'aura insolite que je sentais émaner
de son tréfonds.

La semaine dernière, prise de curiosité,
j'avais cherché « boule de cristal ensorcelée » sur
Internet. Malgré son qualificatif sinistre, il n'y
avait rien de magique à propos de la boule de
cristal. Selon la légende, des siècles auparavant, les boules de cristal étaient suspendues
aux fenêtres afin d'éloigner le mal provenant
des sorcières passant devant la maison. Toute
pensée négative était censée être renvoyée à
son expéditrice. Bien que je croie aux fantômes
et aux esprits, je ne crois pas aux vieilles super-
stitions. J'adore caresser les chats noirs, et mon
chiffre favori est le treize. Malgré cela, pour
tranquilliser ma grand-mère, j'avais enfermé la
boule à l'intérieur de mon placard.

Alors, pourquoi m'avait-elle passé ce coup
de fil alarmant ?

Une voiture klaxonna quand je m'engageai sur Lincoln Avenue. À bicyclette, je pouvais me rendre rapidement n'importe où sur le territoire semi-rural de Sheridan Valley. Cependant, à ce moment-là, les deux petits kilomètres qui me séparaient de la maison me semblaient aussi longs qu'un voyage à travers le pays.

Les arbres aux couleurs d'automne, les champs brun doré et les maisons devinrent flous lorsque j'approchai de Lilac Lane. Il y avait moins de maisons sur cette route de campagne bordée de bois emmêlés qui s'étiraient jusqu'à la ferme de quatre hectares de Nona. Je dépassai notre boîte aux lettres en forme de grange et je roulai sur la longue allée de garage poussiéreuse. Du gravier et de la poussière s'élevèrent sous le mouvement de mes roues, et, à travers les chênes, je vis la maison de ferme jaune, marquée par le temps, de Nona. Elle semblait si calme ; j'eus la sensation réconfortante d'y être à ma place. Mon foyer n'était plus à San Jose avec mes parents, mais ici, au cœur de la ferme de Nona, et j'étais terrifiée à l'idée de perdre tout cela.

Quand je fus près de la maison, je vis ma grand-mère sur la véranda — elle n'était pas seule. Dominic se tenait à côté d'elle. Mi-homme à tout faire, mi-apprenti, Dominic demeurait un mystère pour moi. Il semblait plus vieux que moi de quelques années, mais il n'allait pas à l'école et il ne parlait pas de son passé. Tout ce que je savais, c'était que sa mère était morte, qu'il avait souffert des abus d'un oncle cruel et qu'il avait une connexion inhabituelle avec les animaux.

Comme d'habitude, ses cheveux châtain clair ondulaient à leur gré, et il portait un jean usé et des bottes de cowboy. Il se penchait vers Nona d'une façon protectrice, mais, quand il se tourna vers moi, son regard bleu durcit comme de la pierre.

— Pas trop tôt.

Tout à fait Dominic — peu de mots, mais beaucoup de tempérament.

— Je suis partie dès que Nona a téléphoné.

Je laissai tomber mon vélo et je me dépêchai de monter les marches de la véranda.

— Nona, est-ce que ça va ?

— Oui.

Des mèches folles brun-argenté s'échappaient de son foulard en cachemire, et elle les repoussa en m'adressant un faible sourire.

— J-je suppose que j'ai réagi trop fortement. C'était juste le choc de voir…

— De voir quoi ?

Je passai mon bras autour de ses épaules et je m'aperçus avec surprise qu'elle tremblait.

Dominic se pinça les lèvres.

— Tu devrais le savoir.

— Eh bien, ce n'est pas le cas, répliquai-je.

J'étais essoufflée, mais pas uniquement parce que j'avais roulé jusqu'ici à toute vitesse sur ma bicyclette.

Je n'arrivais pas à comprendre pourquoi Dominic agissait de façon si hostile à mon endroit, et cela ajoutait à la tension qu'il y avait entre nous depuis notre voyage à Pine Peaks. Nous nous étions rapprochés intimement l'un de l'autre de façon imprévue pendant un instant, et, à présent, nous étions toujours gênés. Je ne savais pas ce qu'il pensait, ou s'il se demandait ce que, moi, je pensais, ou même si tout cela lui importait. Je jugeais plus sûr de garder mes distances, et je l'avais fait — jusqu'à maintenant.

— Tu l'as apportée ici, me dit Dominic, alors c'est toi qui es coupable.

— De quoi suis-je coupable ?

— De l'avoir mise là-haut, répondit Nona, en pointant le haut de la fenêtre de la cuisine.

Son visage était d'une telle pâleur que les rides étaient accentuées, comme si elle avait vieilli de vingt ans depuis mon départ pour l'école ce matin-là.

Je suivis son regard et j'aperçus des reflets arc-en-ciel dans la fenêtre.

— Est-ce que c'est la boule de cristal ? murmurai-je, soucieuse. Qui l'a accrochée là-haut ?

— Toi ? suggéra Dominic.

— Pas du tout ! Je l'ai laissée dans mon placard.

— Elle n'y est pas restée.

Nona se laissa choir dans la balançoire sur la véranda.

— Extrêmement bizarre.

Dominic se passa une main rugueuse sur le front. Quand il s'approcha de moi, sa proximité me coupa le souffle. Ni l'un ni l'autre ne dit mot. Je me demandai s'il pensait à la boule de cristal ensorcelée, ou à cette nuit d'orage et à ce moment surréaliste sur la piste de danse qui nous avait incités à nous embrasser.

Je m'écartai de lui.

— J'ignore comment la boule de cristal s'est retrouvée dans la cuisine. Elle est dans mon placard depuis que Nona m'a demandé de la ranger. Quelqu'un doit l'avoir pris dans ma chambre.

— Ou encore elle a bougé d'elle-même, déclara ma grand-mère dans un murmure en se balançant, les mains jointes déposées sur ses genoux.

— Impossible, m'obstinai-je.

Dominic se frotta le menton pensivement.

— Il est vrai que les animaux agissent de façon inhabituelle. Ils restent loin de la maison.

— Tu ne peux pas réellement croire que la boule de cristal est ensorcelée.

Ses yeux bleus virèrent au noir lorsqu'il se pencha vers moi.

— Qu'est-ce que tu en penses, *toi* ?

Les questions dans son regard firent battre mon cœur. Parlions-nous toujours de la boule de cristal ensorcelée ? Je secouai fermement la tête.

— Elle n'est pas occupée par un esprit.

— En es-tu certaine ?

— Je n'ai eu aucune vision ni vu aucun fantôme.

— Alors, qui a déplacé la boule ?

— Je n'en ai pas la moindre idée, répondis-je, légèrement sur mes gardes. J'étais à l'école, puis à la pizzeria…

— Avec ton petit ami ? demanda Dominic, une ride sur le front.

— Non. Avec Penny-Love et quelques amies.

Je sentis mes joues prendre feu et je m'interrogeai sur la raison de sa question. Il ne pouvait quand même pas se soucier des gens avec qui je sortais. Il ne se souvenait sûrement pas de notre baiser. Si seulement je pouvais l'oublier aussi...

Je m'éloignai de lui et m'assis à côté de Nona sur la balançoire de la véranda en lui prenant la main avec douceur.

— Je suis désolée que la boule t'ait causé tant d'émoi.

— Elle est maléfique.

Nona leva les yeux, qu'elle fixa sur la fenêtre.

— Je refuse de rentrer tant qu'elle est là.

— J'ai proposé de nous en débarrasser, dit Dominic, mais Nona n'a pas voulu me laisser faire.

— Pas avant d'en avoir d'abord parlé à Sabine.

Elle se tourna à nouveau vers moi.

— J'espérais que tu aurais une explication rationnelle.

— J'aimerais bien — mais je n'en ai pas. Je vais aller la décrocher.

Quand j'entrai dans la cuisine, je levai les yeux, étonnée encore une fois par la beauté de la boule de verre. Des couleurs éblouissantes étaient reflétées par la sphère brillante, dansant sur les murs comme un ballet multicolore. La boule se balançait à la fenêtre, suspendue au-dessus de l'évier par une ficelle enroulée autour d'un clou. Malgré son nom associé à la sorcellerie, elle n'avait pas enfourché un balai pour voler jusqu'à la fenêtre de la cuisine. Alors, *comment* était-elle arrivée là ?

Il y avait une explication que je ne voulais pas considérer, mais, malheureusement, c'était la plus logique. Nona avait-elle déplacé la boule, puis oublié son geste ? Sa mémoire défaillante la faisait agir d'étrange façon ; quelques semaines auparavant, elle avait quitté la maison pour aller déjeuner vêtue de sa chemise de nuit et de ses pantoufles. Heureusement, je l'avais arrêtée avant qu'elle n'aille trop loin.

Je poussai une chaise sous la fenêtre, puis je grimpai dessus pour atteindre la boule de cristal. Elle semblait si heureuse à la fenêtre, comme si sa place était sous les rayons du soleil, que je me sentis curieusement coupable de la décrocher. Mais je ne voulais pas contrarier Nona davantage. Je décrochai la boule et la rapportai dans ma chambre à coucher.

— Est-ce que Nona a raison ? murmurai-je en faisant tourner la boule entre mes mains, assise au bord de mon lit. Es-tu ensorcelée ?

Elle ne va pas répondre, dit une voix impertinente dans ma tête.

— Salut, Opal, dis-je en accueillant ma guide spirituelle.

Opal était ma voie de communication avec l'autre côté. Elle pouvait être vraiment autoritaire, mais je pouvais habituellement avoir confiance en ce qu'elle disait. Alors, je l'interrogeai sur la boule de cristal.

Tu as vraiment le don de te connecter avec l'insolite, me dit-elle, et ma vision intérieure d'elle souriait d'un air amusé. *Je n'ai de cesse de comprendre pourquoi tu fais appel à moi pour résoudre tes préoccupations frivoles.*

— Dis-moi seulement oui ou non… Cette boule de cristal est-elle ensorcelée ?

Pour dire les choses avec simplicité — puisque tu tiens à une réponse succincte —, peut-être.

— Peut-être ! Quel genre de réponse me donnes-tu là ?

Une réponse honnête.

— Y a-t-il un fantôme à l'intérieur de la boule ?

Les fantômes ne résident pas à l'intérieur d'objets terrestres. À coup sûr, la boule existe depuis longtemps et possède une nature étrange. Les émotions et les événements s'attardent comme un arôme persistant, et ils peuvent répandre leurs odeurs dans une demeure longtemps après que ses occupants ont cessé d'exister, mais cet objet appartient à ton monde, et il ne possède pas de caractéristiques anormales.

— Il s'agit donc de verre ordinaire ?

Aussi ordinaire que le lit sur lequel tu es assise. Bien que je ressente quelque chose d'autre... d'une entité toute proche, mais trouble...

— Quel genre d'entité ?

Je ne sais pas exactement... Il y a de fortes émotions de colère. C'est très singulier...

— Que veux-tu dire ?

J'attendis une réponse.

— Opal, tu es toujours là ?

Silence.

L'air autour de moi se refroidit et la lumière du plafonnier clignota, puis s'éteignit. Une odeur bizarre envahit la pièce ; douce comme la vanille, mais si forte que j'étouffai presque.

L'obscurité me rendait nerveuse. J'avais une collection de veilleuses, et j'en gardais toujours une branchée. Mais, ce soir, mes murs étaient des ombres sombres ; la seule lumière qui filtrait provenait de la boule de cristal.

Quand je baissai les yeux, je fus surprise de voir la boule émettre une lumière cramoisi et bleu, comme un ciel qui perdait son sang.

Avec un cri, je laissai tomber la boule sur le lit. Le plafonnier se ralluma, et l'air humide et froid se retira, tout comme l'odeur douceâtre de vanille. Je regardai vers la boule et vis mon expression ébranlée reflétée dans les fragments de prismes de verre. Et je sentis une énergie mauvaise provenant de quelque chose... de *quelqu'un*.

Nona avait raison à propos de la boule de cristal.

Elle était ensorcelée par un esprit maléfique.

3

VENDREDI

Les mains tremblantes, je déposai la boule de cristal dans une boîte en carton. J'enroulai du ruban adhésif en toile plusieurs fois autour de la boîte jusqu'à ce qu'elle soit plus couverte de ruban qu'une momie égyptienne. Puis je cachai la boîte tout au fond du placard —

comme si je faisais une offrande à l'obscurité — et je fermai la porte.

Ce soir-là, je branchai ma veilleuse en forme d'ange et j'allumai une bougie blanche en guise de protection. Je ne savais pas du tout contre quoi je me protégeais, mais je me sentis apaisée après avoir murmuré une prière et demandé à Opal de prendre soin de moi. J'espérais qu'elle m'écoutait.

Je m'éveillai en pleine forme, réchauffée par le soleil qui brillait à travers la fenêtre et débordante d'idées pour la kermesse du Club des champions. Résoudre des problèmes pour une kermesse, c'était beaucoup plus facile que de s'occuper d'une boule de cristal ensorcelée.

En marchant vers l'école, je me remuai les méninges avec Penny-Love. Elle adora ma suggestion d'un stand de pêche où les enfants pourraient attraper un cadeau emballé avec une canne à pêche, mais elle opposa son veto à un stand d'artisanat. J'étais passionnée par les travaux manuels, et j'avais toujours un projet en route. Par exemple, j'avais récemment terminé de broder un coussin assorti à mon édredon blanc et violet. Créer des décorations fonctionnelles me donnait une grande satisfaction. Mais Penny-Love me fit remarquer que nous n'avions pas le temps de créer des articles d'artisanat ni de les rassembler.

— En plus, les travaux manuels, c'est ennuyeux, déclara-t-elle en roulant des yeux.

J'ouvris la bouche pour argumenter, sauf que l'attention de Penny-Love s'était portée vers des jeunes qui passaient et qu'elle salua d'une voix forte. Bien que nous soyons amies depuis quelques mois, j'étais toujours époustouflée par l'ampleur de sa popularité. Y avait-il une seule personne à l'école qu'elle ne connaisse pas ? J'en doutais. De plus, elle était sans cesse invitée à des fêtes branchées ; elle était bien trop occupée pour rester assise à la maison à faire des travaux manuels.

Bien sûr, depuis que j'étais avec Josh, j'étais occupée aussi. Quand Penny-Love et moi atteignîmes notre casier commun, je cherchai Josh autour de moi. D'habitude, il m'attendait pour me raconter une histoire drôle ou me montrer un nouveau tour de magie, mais aujourd'hui il n'y avait aucune trace de lui.

Il va sans dire que Penny-Love remarqua son absence, mais je fis semblant de n'y accorder aucune importance.

— Son réveille-matin n'a probablement pas sonné.

— Il devrait se procurer un coq, comme toi et Nona.

— Sauf que notre coq est déréglé. Il pense que le jour se lève à trois heures du matin.

Nous éclatâmes de rire toutes les deux, et le sujet fut abandonné, mais je restais troublée. *Où* était Josh ? Était-il simplement en retard ? Ou bien m'évitait-il intentionnellement ? Et si quelqu'un avait été témoin du baiser entre moi et Dominic, et l'avait raconté à Josh ?

La culpabilité me donnait la nausée. Quand j'étais revenue de Pine Peaks, j'avais envisagé de tout avouer à Josh — pendant environ deux secondes —, jusqu'à ce que je réalise qu'il ne croirait jamais la vérité. Il aurait pensé que je mentais si je lui avais dit que j'avais embrassé un autre garçon parce qu'un fantôme avait pris possession de mon corps. Josh était un sceptique convaincu, persuadé que tout ce qui était paranormal était un canular ou pouvait être expliqué par la science. Il aurait été piqué au vif et aurait cru que j'étais amoureuse de Dominic — ce qui était farfelu.

Cinq minutes après le début de la période, Josh arriva. Il me fit signe de la main, l'air un peu gêné d'avoir reçu un billet de retard. J'étais tellement soulagée. Enfin, pas en raison de son billet de retard. J'étais heureuse que tout aille bien entre nous. Tout le monde pensait que nous étions un couple remarquable, et j'étais flattée que Josh souhaite sortir avec moi. J'aimais ses idéaux élevés, et sa présence à mes côtés me rassurait. Je pris la résolution de ne jamais, au grand jamais, faire quoi que ce soit qui mettrait notre relation en péril.

Nous avions une période de lecture en silence, puis un examen, ce qui empêchait toute conversation. Quand la cloche sonna, Josh vint me rejoindre pour m'informer qu'il ne viendrait pas manger ce midi, mais qu'il me rencontrerait après l'école près de mon casier. Avant que j'aie eu l'occasion de lui demander des explications, il était parti en hâte pour son cours suivant.

D'accord, j'étais curieuse, mais pas inquiète. Josh avait beaucoup d'obligations : le conseil étudiant, le bénévolat, et un apprentissage au sein d'une société de magiciens professionnels. Il ne pouvait pas passer tout son temps libre avec moi. J'avais moi aussi des choses à faire, comme parler à Manny. À midi, je me rendis donc au laboratoire d'informatique.

Manny DeVries, alias Manny le voyant, était devant son ordinateur habituel, en avant, près de la porte, où tout le monde pouvait le voir. Sa méthode de frappe à deux doigts ne le ralentissait pas du tout, et il tapait sur les touches à toute allure. Ses tresses rastas noires étaient attachées en queue de cheval échevelée, et il portait un t-shirt noir par-dessus un short de brousse. Même par temps froid, quand tous les autres superposaient les couches de vêtements, Manny préférait les shorts. Quand une fois je lui en demandai la raison, il m'expliqua que les shorts loufoques deviendraient sa marque de commerce quand il serait un journaliste de la télévision. Il ajouta ensuite avec un sourire coquin : « En plus, je dois montrer mes jambes sensationnelles. »

Manny était sans contredit un exhibitionniste. Mais accepterait-il de donner un coup de main à la kermesse ? Je l'espérais. En tant que Manny le voyant, il s'éclatait à surprendre les gens avec ses prédictions étonnantes. C'était un secret entre nous que ses informations, qui se révélaient étrangement exactes, venaient en fait de moi. Nous avions une entente, quoi. Je lui fournissais des prédictions (des choses sans conséquence, comme une couleur favorite et des numéros gagnants) et il mettait ses talents d'investigateur à l'œuvre pour moi quand j'avais besoin de renseignements. Par exemple, il aidait Nona, Dominic et moi à trouver la trace d'un très vieux livre de remèdes ayant appartenu à mes ancêtres. Jusqu'à présent, notre collaboration fonctionnait à merveille.

J'étais quand même nerveuse à l'idée de demander à Manny de participer à la kermesse. Je m'approchai derrière lui et je restai debout, fébrile, tout en réfléchissant à ce que j'allais dire.

Quelques minutes s'écoulèrent, puis il pivota sur sa chaise pour me faire face.

— Binnie, cesse de me souffler dans le cou.

— Ne m'appelle pas Binnie.

— Tu dis toujours ça, mais tu ne le penses pas vraiment.

Il me lança ce sourire qui le rendait irrésistible auprès des filles. Je le connaissais trop bien pour me laisser éblouir par son charme, même si je devais bien admettre que ses fossettes étaient adorables.

— Alors, que veux-tu ?

— Qu'est-ce qui te fait croire que je veux quelque chose ?

— Ce n'est pas le cas ?

Il arqua son sourcil percé.

— En fait… ouais. Mais pas pour moi.

— Ce n'est jamais pour toi.

— J'essaie d'être sérieuse.

— Fais plus d'efforts. Savais-tu que, lorsque tu es tendue, tu as un tic à l'œil droit ?

— Pas du tout !

Ma main vola jusqu'à mon œil, et il semblait tout à fait normal. Je remarquai qu'il riait et je compris qu'il blaguait.

— Je ne sais pas pourquoi je me donne la peine de te parler. Tu es insupportable !

— Merci.

Il se leva et s'inclina devant moi.

— À présent, dis-moi ce que tu veux.

— C'est pour le Club des champions…

Je lui racontai les détails à propos de la kermesse et l'idée d'un stand de diseur de bonne aventure.

— Est-ce que je garderais l'argent que j'aurais gagné ? demanda-t-il lorsque j'eus terminé.

— Non.

— Et si on s'entendait sur un pourcentage convenable ? Disons soixante pour cent ?

— Même pas un pour cent. Sois attentif aux mots collecte de fonds — ça signifie ramasser des sous pour une bonne cause. Pas pour une cause perdue.

Il rit.

— Tu ne peux pas reprocher à un mec de tenter sa chance.

— Alors, le feras-tu ? m'enquis-je.

— Hum…

Il se tut un moment pour me faire languir. Et, bon sang, ça marchait. Je me dis combien les pom-pom girls seraient déçues s'il refusait. Elles comptaient sur moi, et je ne pouvais pas les laisser tomber.

— D'accord, dit-il enfin. Je le ferai.

Je commençais à trépigner de joie, quand il ajouta :

— Mais à une condition.

— Laquelle ?

— Pour ne pas avoir l'air d'un charlatan, j'aurais besoin de vraies prédictions.

Il jeta un œil autour de lui et baissa la voix.

— De toi.

Mon premier réflexe fut de refuser, puis je pensai : « Pourquoi pas ? » Ce ne serait pas très différent des prédictions que je lui fournissais chaque semaine pour sa chronique dans le journal de l'école.

Quelques-unes de plus, quel mal cela pouvait-il faire ?

* * *

Josh fut fidèle à sa parole. Il m'attendait près de mon casier après l'école.

Sauf qu'il n'était pas venu seul, et quand je vis le petit sourire satisfait qui éclairait le visage d'Evan Marshall, j'eus presque envie de le frapper. Pourquoi fallait-il que Josh amène mon pire ennemi avec lui ?

Je n'éprouvais pas simplement de l'aversion pour Evan. Je l'*exécrais*. Il était égoïste. Il utilisait les gens et n'assumait jamais sa part de responsabilité pour aucun de ses actes. Son ancienne petite amie, Danielle, était presque morte par sa faute à lui. Quand l'aide que je lui avais apportée avait eu pour résultat de faire renvoyer Evan des activités sportives de l'école, il avait menacé de me le faire payer. Josh était peut-être capable de lui pardonner ; pas moi.

Tournant délibérément le dos à Evan, je me glissai dans les bras de Josh. J'espérais qu'Evan comprendrait le message et irait se faire pendre.

— J'ai une surprise pour toi, me dit Josh.

— Un nouveau tour de magie ? supposai-je.

— Nan. Tu sais que je me déguise en clown pour amuser les enfants malades ?

Je fis signe que oui, me remémorant les éclats de rire et les sourires quand Josh faisait réellement le clown avec ses tours de magie pour les enfants hospitalisés. J'adorais cette facette de sa personnalité.

— Eh bien, Penny-Love m'a coincé et elle m'a demandé de faire des animaux avec des ballons à la kermesse. Je me suis dit : « Pourquoi pas ? »

— Fantastique ! Ce sera plus amusant si tu es là.

— J'espérais que tu le prendrais comme ça.

— Viendras-tu vêtu de ton costume de clown ?

Il gémit.

— Est-ce que c'est nécessaire ?

— C'est pour une bonne cause. En plus, j'adore les hommes en uniforme.

— Tout pour gagner ton amour, répondit-il, et ses yeux noirs pétillèrent.

Amour ? Le mot me gêna, mais me flatta aussi. Je fus tentée de demander à Josh s'il était sérieux ou s'il me taquinait. Mais pas quand je sentais le regard d'Evan brûler dans mon dos. D'ailleurs, comment pouvais-je parler d'amour avec Josh, alors que des pensées coupables à propos de Dominic embrouillaient mon esprit ?

— Evan s'est porté volontaire aussi, dit Josh en s'écartant de moi pour donner une tape sur l'épaule d'Evan. Il est responsable du stand de paniers de basket. N'est-ce pas formidable ?

— Bien… ouais, dis-je en avalant ce mensonge comme une grosse pilule amère.

— Je suis heureux de collaborer pour encourager le Club des champions, dit Evan un peu trop suavement. Tout le monde devrait redonner quelque chose à son école. N'est-ce pas, Sabine ?

— Heu… bien sûr.

— L'esprit d'entraide communautaire de Josh doit avoir déteint sur moi, probablement parce que nous sommes amis depuis que nous sommes enfants.

Il garda le silence un instant.

— Depuis combien de temps sortez-vous ensemble ? Une semaine ?

— Un mois, répondis-je sèchement.

— Seulement ?

Evan retroussa ses lèvres en un sourire satisfait — comme s'il s'agissait d'une partie de basketball et que j'avais commis une faute, alors que lui avait fait un lancer parfait.

— Evan avait besoin d'être reconduit à la maison, et, comme il demeure juste à côté de chez moi, je lui ai dit que je le ramènerais, ajouta Josh sur un ton d'excuse. Est-ce que ça te convient ?

Jamais de la vie ! Evan est un salaud et il me donne la chair de poule ! Il me déteste et il ferait n'importe quoi pour nous séparer.

C'est ce que j'aurais souhaité pouvoir dire en tout cas. Mais j'aurais l'air d'une sorcière égoïste et Evan aurait l'air du bon garçon.

— Alors, qu'en dis-tu, Sabine ?

Evan se pencha vers moi.

— Ça te dérange si je viens avec vous ?

Je haussai les épaules.

— Ce n'est pas ma voiture.

— J'ai aidé Josh à choisir sa voiture. J'ai convaincu le concessionnaire de baisser son prix, et, en retour, Josh me donne un coup de main avec mes travaux scolaires, ajouta Evan en tapotant l'épaule de Josh. Une fois que j'aurai amélioré mes notes, je pourrai de nouveau participer aux sports.

— Tu t'es déjà beaucoup amélioré.

Josh nous regarda tour à tour, mal à l'aise, probablement parce qu'il savait que j'étais contente qu'Evan ait été renvoyé de l'équipe.

— Peut-être devrions-nous parler d'autre…

— Sabine pense que je suis un imbécile, l'interrompit Evan d'une voix meurtrie. J'imagine que je le mérite, mais j'essaie de faire amende honorable envers tout le monde. Sincèrement.

Tu ne connais rien à la sincérité !

— J'ai dit des choses méchantes, continua-t-il, et je le regrette. C'est pourquoi j'ai choisi cela pour toi, Sabine.

Il chercha dans son sac à dos et en tira une carte jaune pâle.

Je regardai la carte comme si elle portait la peste. Je m'attendais à l'ouvrir et à y trouver de l'anthrax ou du poison. Mais il s'agissait tout simplement d'une carte de souhaits ornée d'une jolie photo d'un bouquet de fleurs et d'un message simple : « Pouvons-nous être amis ? »

J'aimerais mieux me lier d'amitié avec une mouffette enragée. Je n'étais pas naïve au point de me laisser prendre par les gestes pathétiques d'Evan. Tristement, Josh n'éprouvait pas la même chose, et il me fixait avec une telle expression d'espoir que je fus incapable de le décevoir.

— Heu…

Je ravalai ma fierté.

— OK.

Or, quand nous arrivâmes à la hauteur de la voiture de Josh et qu'il contourna la voiture pour ranger nos sacs à dos dans le coffre, Evan m'attrapa le poignet.

— Ce n'est pas tout, murmura-t-il.

Je reculai vivement et frottai mon poignet.

— Quel est ton problème ?

— Pas *mon* problème. Ouvre l'enveloppe.

Son ton menaçant confirma tout ce que je pensais déjà de lui. Il était dangereux et cherchait encore à se venger.

M'assurant que Josh ne m'observait pas, je regardai dans l'enveloppe.

J'en retirai un extrait d'article plié provenant du journal scolaire *Jinx* d'Arcadia High, daté de cinq mois plus tôt. Il y avait une photo d'un joueur de football costaud, Kip Hurst, saluant la victoire son casque à la main. Sous la photo, une légende tragique : « Un joueur vedette meurt dans un accident de voiture. »

J'avais eu une vision m'avertissant de la mort de Kip ; il avait toutefois refusé de m'écouter. J'étais devenue la risée de l'école — jusqu'à ce qu'il meure. Tout à coup, tout le monde m'avait tenue pour responsable, comme si le fait de savoir me rendait coupable. Des camarades de classe, des professeurs, et même ma propre mère s'étaient retournés contre moi. Cela avait été un soulagement de déménager et de recommencer à zéro. À Sheridan High, seuls Manny et notre amie gothique Thorn connaissaient mon passé. Tous les autres croyaient que j'étais normale, et c'est ainsi que je voulais que ça reste.

Sauf qu'à présent, Evan était au courant de mon secret.

Combien de temps, avant qu'il en informe Josh ?

4

Des rêves horribles me poursuivaient dans des coins sombres d'où je ne pouvais m'échapper. Un démon cornu avec le visage d'Evan apparut subitement. Je courus, fonçant dans des murs, trébuchant, tombant, appelant à l'aide. Une lumière jaillit, si éblouissante que j'en eus mal aux yeux. Une silhouette fantomatique portant une torche allumée glissait vers moi. Josh venait-il me porter secours ? Je courus dans sa direction, puis je m'arrêtai quand je vis la silhouette nettement — un squelette sans tête ! Et la boule enflammée entre ses doigts anguleux était son propre crâne !

— Sabine… Sabine…

— Va-t'en ! hurlai-je en courant.

Je tombai encore une fois, puis je me retrouvai le dos contre un mur solide. Le squelette portait le maillot d'équipe de football de Kip, le numéro 17. Le crâne illuminé se rapprochait… se rapprochait…

— Sabine !

Réveillée en sursaut, je m'assis dans mon lit. Mon cœur battait la chamade, et mon t-shirt collait à ma peau en sueur. Je clignai des yeux, essayant de séparer les rêves de la réalité. Je me sentais épuisée et faible, comme si j'avais réellement couru, et je fus un peu étonnée de voir ma chambre baignant dans la lumière du jour. Était-ce déjà le matin ?

Quelqu'un frappait fort à ma porte.

— Est-ce que ça va, Sabine ?

— Dominic ? demandai-je, troublée.

Il habitait un loft situé dans la grange, et il avait habituellement des tâches à accomplir tous les matins. Je remontai les couvertures sur moi et lui criai d'entrer.

Il ouvrit la porte et entra d'un pas vif.

— Pourquoi es-tu encore au lit ?

— Je *dormais* — jusqu'à ce que tu arrives.

— Ne sais-tu pas l'heure qu'il est ?

Je levai les yeux vers le réveil près de mon lit.

— Sept heures quarante-neuf. Mon réveille-matin est réglé pour huit heures.

Il secoua la tête.

— Il a une heure de retard.

— Impossible.

Je tendis le bras et regardai ma montre en argent en forme de lune. Puis je poussai un cri.

— Presque neuf heures ! Je suis en retard ! Mon réveil doit être défectueux. Mais pourquoi Nona ne m'a-t-elle pas réveillée ? Elle devait me laisser en route, en se rendant à son rendez-vous avec un client.

— Elle est toujours dans sa chambre. Je ne voulais pas la déranger…

— Mais tu n'as pas hésité à me déranger, moi ?

— C'est différent.

Les coins de sa bouche se relevèrent, et je tirai les couvertures plus près de moi. Il était insupportable ; serviable une minute, et l'instant d'après insultant.

La maison semblait vide sans l'arôme du thé que Nona infusait le matin. Elle était habituellement debout avant moi tous les matins, s'adonnant à un rituel privé avec de la tisane et des prières de gratitude.

— Je ferais mieux de réveiller Nona, dis-je vite.

Dominic restait debout à me regarder, ne faisant pas mine de vouloir partir.

— Pars donc ! lui ordonnai-je d'un ton cassant. Va nourrir les animaux ou nettoyer la grange.

— C'est déjà fait.

— Je dois m'habiller, et je n'ai pas besoin d'un public.

— Dommage. Je vais donc partir, j'imagine.

— S'il te plaît.

Lorsqu'il me tourna le dos, je me rendis compte qu'il ne portait pas ses vêtements de travail. Il avait l'air particulièrement séduisant dans son jean noir, sa chemise bleue et son veston en cuir. Même ses cheveux châtain clair et ondulés, normalement indisciplinés, étaient parfaitement coiffés.

— Est-ce que tu vas quelque part ? demandai-je.

— Ouais.

— À la kermesse ? tentai-je de savoir.

— Peut-être plus tard, après mon cours.

— Quel cours ?

— Ne devrais-tu pas te dépêcher pour être prête à partir ?

Sur ce, il pivota et sortit.

Je n'avais pas besoin d'une vision pour savoir qu'il évitait ma question. Cependant, il ne me devait aucune explication, et j'étais pressée, de toute façon. À cause de mon réveil déréglé, j'avais perdu une heure complète. Chose encore plus étrange, lorsque je fis le tour de la maison, je découvris que *toutes* les horloges retardaient d'une heure. Que se passait-il ?

J'en trouvai la cause assez rapidement. Quand je tirai Nona de son sommeil et lui parlai des horloges, elle admit que c'était sa faute.

— C'est pour le changement d'heure, dit-elle.

— Mais, c'est seulement dans une semaine ! m'exclamai-je. De plus, en octobre, on avance l'heure. C'est au printemps qu'on la recule.

Son expression passa du calme à la confusion, et elle se cacha le visage entre les mains.

— Qu'ai-je fait ?

— Ne t'en fais pas pour si peu. Tout le monde peut faire une erreur.

— C'était bien plus qu'une erreur.

— Ça va, Nona, la rassurai-je en la prenant dans mes bras.

— Non, ça ne va pas, et je suis tellement désolée…

Ses mots moururent sur ses lèvres, puis elle prit une grande respiration.

— Nous ferions mieux de nous hâter. Penny-Love va piquer une colère si tu es en retard.

Je ne sais comment, je réussis à m'habiller, à attraper mes fournitures et à me rendre au centre communautaire en temps record.

Comme on s'y attendait, Penny-Love était paniquée quand j'arrivai. Je lui présentai mes excuses et lui dis que j'étais coupable d'avoir dormi plus longtemps que prévu. Penny-Love savait que Nona avait des problèmes de santé, mais pas qu'ils étaient si sérieux. Garder cela secret deviendrait de plus en plus difficile à mesure que la maladie progresserait.

Penny-Love me confia le stand du lancer de balles en velcro, ce qui signifiait que je devais porter un costume encombrant qui ressemblait à un sac à patates sur lequel étaient cousus de larges morceaux de velcro. Les clients paieraient un dollar pour trois balles en velcro qu'ils lanceraient sur moi — une cible humaine. Totalement humiliant !

Comme si le fait d'être en retard n'était pas suffisant, le début des préparatifs fut un vrai désastre. Jill n'arrivait pas à trouver la boîte à monnaie, Catelynn avait cassé l'une des cannes à pêche, j'avais oublié d'apporter la fausse boule de cristal en plastique pour Manny et le petit ami artiste de Penny-Love avait du maquillage pour peindre les visages dans son stand, mais pas de pinceaux.

Nous courions partout, pris de panique, en nous invectivant et en nous plaignant que nous ne serions jamais prêts à temps. Pourtant, toutes les crises furent résolues une à une. Jill retrouva la boîte à monnaie, du ruban adhésif en toile fut utilisé pour réparer la canne à pêche, et Penny-Love fit un aller-retour rapide jusque chez moi pour prendre des pinceaux et la boule de cristal.

Alors que je préparais un panier de balles collantes, j'entendis quelqu'un m'appeler ; je levai la tête et vis un clown aux cheveux moutonnés avec un gros nez rouge qui se dirigeait vers moi clopin-clopant sur ses longues chaussures jaune banane.

— Josh !

Je souris à mon espiègle petit ami. J'adorais son côté enjoué.

— Quel genre de costume portes-tu là ? me demanda-t-il en pointant le doigt vers moi.

— Le genre laid et inconfortable.

Je tirai sur le tissu rêche.

— Tu veux échanger ?

— Pas question. En revanche, j'ai une nouvelle qui te mettra de bonne humeur.

— Quoi ?

— Tu as de la compagnie.

Il pointa le bout de l'allée de sa main gantée de blanc, à l'endroit où une grande et mince fille avec une abondante et longue chevelure foncée se hâtait vers moi.

— Amy !

Je poussai de petits cris de joie et sautai par-dessus le comptoir bas du stand.

— Je vous laisse les filles, dit Josh et il partit en clopinant sur ses pieds de clown.

Je courus vers Amy et je passai mes bras autour de ma petite sœur.

— Quelle merveilleuse surprise ! Comment es-tu venue ici ?

— Maman m'a amenée.

— Elle a fait ça ? m'enquis-je, jetant un œil plein d'espoir alentour. Où est-elle ?

— Partie. Elle emmène Ashley à Roseville pour rendre visite à une vieille amie d'université qui a des entrées dans le monde de la musique.

— Oh…

J'essayai de cacher ma déception. Était-ce trop demander à ma mère que d'entrer me voir ? Je savais qu'elle avait de la difficulté avec le fait que j'étais voyante, mais cela s'était un peu mieux passé entre nous à la fête-anniversaire de mes sœurs. Malgré cela, je ne pouvais pas m'attendre à ce qu'elle change d'attitude envers moi du jour au lendemain.

— J'ai dit à maman que je préférais passer la journée avec toi, continua Amy, dont les yeux bleus brillaient sous la lumière des plafonniers. Tu as mentionné la kermesse dans ton dernier courriel, et ça m'a semblé beaucoup plus amusant que d'entendre maman parler encore et encore des nombreux talents d'Ashley.

Elle prononça le nom d'Ashley avec emphase, une barre sur le front.

— Ça ne va pas entre toi et Ashley ? demandai-je.

Elle tendit la main vers un des paniers sur le comptoir et prit une balle en velcro qu'elle fit passer d'une main à l'autre.

— Est-ce que ces balles se collent sur toi ?

— Oui. Tu n'as pas répondu à ma question.

Elle lança doucement une balle sur mon costume et elle s'y colla.

— Je pensais que toi et Ashley étiez les meilleures amies du monde, insistai-je.

— Est-ce que l'on pourrait, s'il te plaît, ne pas parler d'*elle* ?

J'arrachai la balle sur mon costume et la remis dans le panier. « Des problèmes au pays des jumelles ? » me demandai-je avec étonnement. Quand j'y repensais, Amy avait passé la plupart de son temps à me suivre lors de sa fête-anniversaire. Ashley, en revanche, était toujours entourée d'une myriade d'amis, et sa démarche sophistiquée lui donnait l'air beaucoup plus âgé que ses dix ans. Au moins Amy paraissait-elle son âge, puisqu'elle se maquillait seulement lorsqu'elle participait à des concerts et à des défilés de mode. Elles grandissaient cependant très vite toutes les deux… peut-être trop vite.

Je laissai tomber le sujet, me disant qu'Amy se confierait à moi quand elle se sentirait prête. Je lui suggérai plutôt de visiter les autres stands pendant que je travaillerais.

— Va manger quelque chose ou va te faire peindre le visage par Jacques, le nouvel amoureux de Penny-Love. Elle jure qu'il est l'artiste le plus talentueux de la planète.

— Est-ce que je peux juste rester avec toi ? demanda-t-elle d'une voix douce.

— Bien sûr que tu peux.

Je chargeai donc Amy de recueillir l'argent et de remettre les balles en velcro. Nous fûmes tout de suite envahies par une armée d'enfants enthousiasmés à l'idée d'attaquer une cible humaine. Par chance, les balles étaient légères ; elles ne faisaient que me chatouiller quand quelqu'un réussissait à m'attraper.

Après une heure de ce manège, Amy offrit de me remplacer.

— Tu mérites une pause, dit-elle. Je vais éviter les balles pendant quelque temps, et toi, profite de la fête.

— C'est toi qui devrais faire le tour des stands, insistai-je. Je me suis portée volontaire pour cette activité, mais toi, tu es venue pour t'amuser.

— J'ai du plaisir comme ça.

Ses cheveux sombres lui tombèrent sur les yeux.

— J'aime rester ici.

J'éprouvai de la culpabilité à partir, mais j'étais curieuse de voir comment cela se passait dans les autres stands. Je l'aidai donc à passer l'affreux costume et lui promis d'être de retour très vite.

Le premier stand que je visitai vendait des bonbons et des bougies ; il était tenu par Velvet, amie de Nona et propriétaire de la délicieuse boutique chasse aux bonbons. Bien qu'elle ne soit pas au courant des détails de la grave maladie de ma grand-mère, elle savait que quelque chose n'allait pas, et elle me remit une tisane spéciale pour Nona. Avant de partir, j'achetai un sac de caramels au chocolat et une bougie parfumée à la fraise.

Je me dirigeai ensuite lentement vers le stand de maquillage. Jacques, le nouveau petit ami de Penny-Love, avait une forte carrure, des yeux bruns au regard attentif et une courte queue de cheval noire striée de mèches rouge flamme. Je l'observai un moment, le jaugeant. Il semblait avoir à peu près dix-huit ans, pas trop don Juan, mais possédant une maturité tranquille très perceptible.

Après cela, je vis un garçon maigre au visage couvert d'acné faire la démonstration de ses talents d'excellent lanceur en faisant tomber le directeur Cowboy dans un bassin

rempli d'eau — deux fois ! Après quoi je déam-
bulai le long des allées jusqu'à ce que j'arrive
au stand de Manny. Il avait fait des merveilles
au montage, en accrochant une accueillante
affiche mauve où l'on pouvait lire « Manny le
voyant » et des décorations scintillantes en
forme d'étoiles et de lunes.

— Ah ! Une autre victime… C'est-
à-dire… cliente.

Il m'entraîna rapidement derrière un
rideau noir et me fit asseoir sur une chaise.
Installé derrière une table faiblement éclairée,
il portait des bijoux de pacotille clinquants et
un turban. L'obscurité sous sa tente faite de
couvertures était telle que je pouvais à peine
voir mes mains.

— Es-tu prête à te faire prédire ton avenir ?

— Moi ? Tu blagues.

— Même les médecins doivent passer des
examens de routine et les professeurs, aller à
l'école. Il est temps que la voyante se fasse dire
la bonne aventure. Et je suis le seul extralucide
qui puisse le faire !

— C'est trop sombre, ici, me plaignis-je,
tâtonnant à la recherche d'une autre chaise
pour m'asseoir devant lui.

— C'est comme un clair de lune. Reste assise en silence, à présent, pendant que je consulte ma boule de cristal.

— D'habitude, c'est moi que tu consultes.

Trouver des prédictions pour lui avait été un jeu d'enfant. Tout ce que j'avais à faire, c'était de me concentrer sur un nom, et je *savais*. Par exemple, le petit ami de Lizette avait eu une contravention pour excès de vitesse, le chat de Manuel était en réalité une chatte et elle était enceinte, et monsieur Blankenship devait remplacer la batterie de sa voiture.

— Manny le voyant sait tout, déclara-t-il.

— Ton accent est pitoyable. Est-ce censé être allemand ou russe ?

Il leva les mains.

— Silence pendant que j'appelle les esprits.

Je haussai les épaules, me disant que cela pourrait être amusant. Manny me dirait probablement quelque chose qui lui rendrait service, par exemple, que j'étais destinée à faire des heures supplémentaires au journal de l'école.

Mes yeux commençaient à s'habituer à l'obscurité alors que Manny déplaçait ses mains au-dessus de la boule de cristal et qu'il chantonnait des mots étranges. La boule s'illumina comme une lune flamboyante, et je sentis une forte odeur de vanille. Une aura gris argenté tourbillonna et me donna le vertige.

— Tu as mis en colère une force puissante, affirma Manny d'une voix grinçante. Je vois beaucoup de noirceur dans l'avenir.

« Alors, procure-toi plus de bougies », allais-je dire pour blaguer, sauf que ma gorge se serra et que je fus incapable de parler.

— De terribles événements se préparent.

Il fixa intensément la boule de cristal, prenant son rôle de voyant vraiment trop au sérieux. Il avait même l'air d'une personne différente ; comme si un masque pâle et flétri flottait devant son visage.

— Rien en ce monde terrestre ne pourra te protéger, de même que les guides spirituels, du terrifiant voyage qui t'attend, bourdonna sa voix menaçante. On n'évite pas son destin.

« Quel destin ? » aurais-je voulu crier, sauf que je n'arrivais même pas à ouvrir la bouche. Une forte pression me repoussait, me maintenant sur ma chaise sous l'emprise de l'envoûtement. « Arrête, Manny ! Tout cela est mauvais et terrifiant. Tu n'es pas toi-même. »

Mais sa bouche se tordit en une grimace de colère et ses yeux brûlants me vrillèrent le corps.

— Quelqu'un qui t'aime causera ta mort.
Dans cinq jours, tu mourras.

5

LA LUEUR ROUGEÂTRE S'ÉTEIGNIT DOUCEMENT AUTOUR de la boule de cristal et l'aura grise disparut.

— Que s'est-il passé ?

Manny cligna des yeux comme s'il s'éveillait d'un long sommeil.

— Pourquoi me regardes-tu ainsi, Sabine ?

Je me balançai sur ma chaise, les bras enroulés autour de moi. Ma tête voulait éclater. Je me sentais frissonnante et fiévreuse en même temps.

Manny se leva et ouvrit les rideaux, laissant passer la forte lumière du jour dans la tente.

— Binnie, es-tu souffrante ?

Cinq jours, cinq jours… les mots résonnaient dans ma tête.

— Enfin, dis quelque chose. Que s'est-il passé ?

— Ne t'en souviens-tu pas ? murmurai-je d'une voix rauque. Ces choses que tu as dites…

— Je n'ai encore rien dit.

Il fronça les sourcils.

— Tu viens juste d'arriver, et j'allais te prédire ton avenir.

— Tu l'as *déjà* fait.

— Non, je ne l'ai pas fait. J'allais le faire, puis je… Ben, ça alors ! C'est étrange, d'habitude j'ai une excellente mémoire. Je ne comprends pas.

— Moi non plus.

La tente improvisée de diseur de bonne aventure avait l'air normale — jusqu'à ce que mon regard tombe sur la table et que j'en aie le souffle coupé.

— La boule de cristal ! Où l'as-tu eue ?

— Penny-Love l'a rapportée de chez toi. Elle a dit qu'elle était sur ta coiffeuse, juste là où tu lui avais dit. Je m'attendais à quelque chose de bon marché en plastique, pourtant c'est …

— La mauvaise boule ! terminai-je.

— Comment est-ce possible ?

Je secouai la tête, me posant la même question. J'avais déposé la boule dans une boîte solide que j'avais entourée de ruban adhésif en toile et enfouie dans mon placard. Les boules de cristal ne peuvent pas ouvrir les portes. Alors, comment était-elle passée de la boîte emballée de ruban adhésif en toile dans mon placard à la kermesse ? Je devrais en parler à Penny-Love, mais, en ce moment, il y avait un problème plus sérieux.

— Tu ne peux pas t'en servir.

J'arrachai la boule à Manny, trouvai un sac en papier et la laissai tomber à l'intérieur.

— Pourquoi pas ?

— Parce qu'elle pourrait être…

Je baissai la voix afin de ne pas être entendue par une autre personne.

— … ensorcelée.

— Tu es sérieuse ?

Ses yeux noirs s'agrandirent.

— Comme par un fantôme de sorcière?

Je fis signe que oui, même si cela n'avait aucun sens. S'il y avait un fantôme ou un esprit dans les alentours, pourquoi n'en avais-je pas conscience ? C'était comme si ma voie de communication avec l'autre côté était bouchée.

— Je dois sortir cette boule d'ici avant qu'elle fasse quelque chose de pire.

— Pire que quoi ? demanda Manny.

Dans cinq jours, tu mourras. Bien sûr que cette prédiction était ridicule. Je refusais d'en être effrayée. J'étais jeune, en bonne santé, et aucun danger imminent ne me guettait. S'il y avait un fantôme qui traînait autour, il n'avait pas le pouvoir de me faire du mal physiquement. Et la boule de cristal ensorcelée ne pouvait pas me faire de mal non plus — ce n'était qu'un morceau de verre.

— Je ramène ceci à la maison, déclarai-je fermement.

Manny plissa le front.

— Dans ce cas, que vais-je utiliser comme accessoire pour dire la bonne aventure ?

— Fais semblant de lire dans les lignes de la main ou demande à Velvet un jeu de tarot. Elle ne vend pas que des bonbons, dans son stand, même si elle n'en fait pas la publicité. Je dois partir maintenant…

— Pas avant que tu m'aies dit pourquoi tu as si peur.

Manny m'attrapa par le bras.

— Je n'ai pas peur.

— Je ne te crois pas. Est-ce la prédiction que je t'ai faite ? Qu'est-ce que c'était ?

— Ça n'a pas d'importance.

— Dis-le-moi, Sabine.

Je ne voulais pas en parler, mais il avait le droit de savoir. Après que je lui eus raconté, il eut l'air assommé, comme si je l'avais frappé à l'estomac.

— C'est dément. C'est impossible que j'aie dit ces choses.

— Tu l'as fait, mais ce n'était pas réellement toi.

— Alors, qui était-ce ? Mon clone maléfique ?

— Tout rentrera dans l'ordre quand la boule aura disparu.

— Est-ce censé me rassurer ?

Il se laissa choir sur une chaise et se passa la main sur le front.

— Je suis vraiment nul, comme voyant. Désolé pour les prédictions pourries.

— Ce n'était pas une vraie prédiction, lui assurai-je. Oublie ça.

— C'est ça, le problème — j'ai déjà oublié. Je n'arrive pas à me souvenir des autres non plus.

— Les autres ? Que veux-tu dire ?

Je serrai mes doigts autour du sac en papier.

— Tu as fait *d'autres prédictions* ?

— Ouais. Mon cerveau est tout embrouillé : comme quand on s'éveille d'un rêve.

— Combien de prédictions ?

Il s'apprêta à répondre, puis secoua la tête, perplexe.

— J-je n'en suis pas certain, mais avant que tu ne viennes, il y en a eu au moins deux… peut-être trois.

Mon cœur s'emballa.

— À qui les as-tu faites ?

— Je ne sais pas.

Il marqua une pause, puis secoua la tête sombrement.

— Je n'en ai aucune idée.

6

AMY DUT PENSER QUE J'ÉTAIS DEVENUE FOLLE quand je lui demandai de me remplacer au stand pendant que je quittais la kermesse. Je lui promis d'être de retour rapidement, puis partis en vitesse avant qu'elle puisse me questionner. Elle était trop occupée à éviter les balles en velcro pour discuter.

Je tenais le sac en papier fermement, craignant que la boule de cristal ensorcelée ne s'échappe à nouveau. Non pas que je souhaitais la garder ! J'aurais aimé ne jamais l'avoir rapportée de Pine Peaks en premier lieu. Elle avait été dans le grenier de ma lointaine cousine Eleanor pendant des décennies, et c'est là qu'elle aurait dû rester. Je pourrais l'appeler et la supplier de la reprendre, mais est-ce que cela l'empêcherait de revenir ?

Tout cela n'avait aucun sens, et je n'arrivais pas à sortir la terrible prédiction de ma tête. J'avais dit à Manny de ne pas s'inquiéter ; que je n'avais aucune intention de mourir avant longtemps. Je ressentais toutefois un fort sentiment de malaise et je voulais réellement croire mes propres paroles. Enfin, l'idée qu'une personne qui m'aimait puisse me tuer était absurde.

Je ne pouvais quand même pas tout simplement l'ignorer. Il était évident qu'une force diabolique répandait le mal. Je savais que des fantômes désorientés pouvaient hanter des endroits et des bâtiments, mais je n'aurais jamais imaginé qu'ils auraient pu s'attacher à un objet inanimé. M'avait-il ciblée particulièrement, ou était-il malveillant de façon générale ? On avait fait des prédictions à au moins deux autres personnes. Leur avait-on également annoncé qu'ils allaient mourir ?

J'avais très envie de demander conseil à Opal, sauf qu'elle ne répondait toujours pas. Elle avait déjà coupé la communication entre nous auparavant, mais je ne croyais pas qu'elle l'avait fait exprès, cette fois-ci. C'était comme si un mur s'élevait entre moi et l'autre côté. Je devais me débarrasser de la boule de cristal ensorcelée.

Sortant à la dérobée par une porte latérale, je me dirigeai vers le stationnement. C'est à ce moment-là que je réalisai que j'avais un gros problème.

Pas de voiture — pas même une bicyclette. Nona ne reviendrait pas me prendre avant des heures.

J'esquissai le geste de prendre mon téléphone portable, quand j'entendis le son d'un bruyant moteur de camion qui me fit lever les yeux. Dominic ! Il était difficile de ne pas remarquer son vieux pick-up qui s'engageait dans le stationnement. Dominic pouvait être sarcastique et casse-pieds, mais il était l'une des seules personnes qui comprendraient la situation.

Une forte odeur de diesel continua à flotter dans l'air quand il éteignit le moteur et sortit de son pick-up.

— Je suis tellement contente de te voir, lui dis-je.

— Ah oui ? C'est une première, répliqua-t-il avec un sourire moqueur.

Empochant ses clés, il pointa le sac dans mes bras.

— Qu'y a-t-il, là-dedans ?

— Des ennuis.

Je levai le sac.

— Un cadeau pour moi ? demanda-t-il d'un ton léger.

Puis son sourire mourut sur ses lèvres quand il jeta un œil au contenu du sac.

— Pourquoi trimballes-tu cela avec toi ? Tu étais censée la ranger quelque part.

— C'est ce que j'ai fait. Elle n'y est toutefois pas restée.

— Que veux-tu dire ?

— Penny-Love l'a prise par erreur pour la boule de cristal que j'avais achetée pour le stand de diseur de bonne aventure tenu par Manny, et elle la lui a donnée. Les choses ont alors pris une tournure très étrange…

Je me tus, ne voulant pas parler de la prédiction faite par Manny, de peur de lui donner de la crédibilité.

— En tout cas, j'allais la rapporter à la maison, sauf que je n'ai pas de moyen de transport.

— Tu en as un, maintenant, déclara-t-il.

— Merci. La moitié de mon problème est résolue. Si je pouvais à présent trouver ce que je dois faire avec cette boule.

— Je vais la prendre.

— Et en faire quoi ? m'enquis-je avec inquiétude.

Il serra les poings.

— La faire exploser.

Je fus parcourue de frissons. Détruire la boule était-elle la chose à faire ? Je n'en étais pas certaine, et je ressentis une curieuse réticence à la lui remettre. J'ouvris le sac et admirai les éblouissants arcs-en-ciel tour-billonnant dans le verre. Ce serait un crime de détruire une si belle antiquité. Je tins le sac plus près de moi, profitant d'une chaleur agréable. J'avais une image mentale d'une boule suspendue haut dans une fenêtre, faisant briller le soleil à travers des prismes multicolores. Je levai les yeux et aperçus Dominic qui m'observait avec inquiétude. Je fus submergée par l'émotion. Je me souvins du baiser que nous avions échangé — l'excitation causée par son contact, le goût sucré de ses lèvres et le sentiment de sécurité entre ses bras solides. Ça n'aurait jamais dû arriver ; pourtant, nous avions été pris par de puissants sentiments qui n'étaient pas les nôtres. Tout cela avait pourtant eu l'air tellement vrai… et le souvenir persistait. Je me rapprochai malgré moi plus près de Dominic, levant les bras et l'attirant…

— Non !

Je fis un bond en arrière, brûlante de chaleur.

— Non quoi ?

Ses sourcils levés étaient remplis de questions.

— Non, nous ne devons rien faire d'idiot…

Je savais que je rougissais.

— Avec la boule, je veux dire.

— Alors, que veux-tu faire, dit-il en hésitant, avec la boule ?

— Nous devons la comprendre mieux.

— Si c'est ce que tu souhaites.

— J-je ne sais pas ce que je veux.

« Voilà le problème », pensai-je. Tout me semblait si déroutant. Plutôt que de me départir de la boule, je serrais le sac comme s'il s'agissait d'un trésor inestimable. Je le lançai brusquement à Dominic.

— Tiens. Tu ferais mieux de la prendre.

— En es-tu sûre ?

« Non ! » pensai-je, tout en répondant oui.

— Je sais exactement où la mettre, pour l'instant.

Dominic l'enferma à clé dans un coffre en métal à l'arrière de son pick-up.

— Est-ce que c'est prudent ? demandai-je.

Mes mains me semblaient étrangement vides.

— Fais-moi confiance, c'est un endroit sûr.

Il pointa un grand oiseau brun-rouge qui décrivait des cercles dans le ciel et qui, au sifflement émis par Dominic, vint se percher sur le capot de son pick-up. Il caressa les plumes soyeuses de l'oiseau, puis il lui ordonna : « Dagger, surveille ».

Je savais que Dominic avait une habileté inhabituelle avec les animaux sauvages : c'était quand même bizarre de l'observer en conversation avec un oiseau.

— C'est fait, dit-il. Allons-y.

Il me prit alors la main et me ramena à la kermesse.

* * *

Je n'étais *pas* d'humeur à la fête. Imaginez ! On venait juste de me dire qu'il me restait moins d'une semaine à vivre — non pas que je croyais cette prédiction —, et il était difficile d'agir comme si tout allait bien. Pourquoi avais-je empêché Dominic de démolir la boule ? Étais-je devenue folle, ou quoi ? Ce n'était qu'un morceau de verre. La détruire semblait la chose la plus sensée à faire. Je ne savais toujours pas pourquoi j'avais arrêté Dominic.

À mon étonnement, Amy et Dominic s'entendirent tout de suite à merveille, se découvrant une passion commune pour la lecture. Ils discutaient de J.R.R. Tolkien en se dirigeant vers les stands. Je me glissai de nouveau dans l'affreux costume qui me démangeait. Au moins, éviter les balles en velcro m'occupait trop pour que je puisse ruminer mes problèmes. Enfin, presque trop. Entre les coups, je m'inquiétais à propos de Josh, de Nona et de la boule de cristal ensorcelée.

Environ une heure plus tard, Amy revint à mon stand, portant un chapeau de ballons sculptés en forme de chien et coltinant une grosse licorne en peluche dans ses bras.

— Dominic l'a gagnée pour moi, s'exclama-t-elle. N'est-ce pas génial ?

— C'est formidable. Où est Dominic ? questionnai-je.

— Oh, il est parti. Un travail quelconque à faire.

Elle gloussa.

— Il se prend tellement au sérieux, mais il est vraiment gentil.

— Tu crois ?

Je gardai un air neutre, mais je me demandai si son « travail » avait quelque chose à voir avec le cours dont il m'avait brièvement parlé.

— Mouais. Mais j'aime bien Josh aussi, s'amenda-t-elle rapidement. Il a fait cela pour moi et il m'a demandé de te donner un message.

— Lequel ?

— Il partait tôt pour aider un ami à étudier. En revanche, il a dit qu'il t'appellerait plus tard.

Mon estomac se noua.

— Le nom de cet ami, était-ce Evan ?

— Ouais, ça ressemblait à cela. Quelqu'un que tu connais ?

— Malheureusement, dis-je en faisant la grimace.

Je changeai aussitôt de sujet, car ma petite sœur avait l'énergie du lapin des piles Energizer quand il s'agissait d'assouvir sa curiosité. Je me retournai et pointai une fillette coiffée de deux queues de cheval.

— Voici une nouvelle cliente.

En me hâtant vers la zone de tir, je pensai à Josh. J'avais déchiré l'enveloppe et l'abominable extrait d'article de journal, et je les avais jetés à la poubelle, ce qui ne changerait rien au fait qu'Evan pouvait parler de mon passé à Josh.

Une balle en velcro fila vers moi, et je l'évitai en faisant un pas à droite.

Evan n'était sorti avec cette fille de mon ancienne école que pour apprendre les ragots à mon sujet ; il avait réussi. Il avait maintenant la preuve que j'étais anormale et menteuse.

Une autre balle vola vers ma tête. Je me baissai et elle me manqua.

Comment pouvais-je éviter qu'Evan ne parle à Josh ? À mon ancienne école, ma meilleure amie Brianne s'était retournée contre moi quand elle l'avait appris, signant même une pétition pour demander mon expulsion. Josh ne croyait pas aux voyants, mais il croyait en une parfaite honnêteté. S'il découvrait mon passé, il me détesterait pour lui avoir menti.

J'oubliai de bouger, et une balle me frappa directement à la poitrine.

Quand la kermesse se termina, Amy et moi restâmes pour aider à nettoyer en balayant et en remplissant des cartons. Le Club des champions avait amassé plus de mille dollars, ce qui justifiait une petite fête, et tout le monde allait manger une glace. Cependant, tout ce que je voulais, c'était rentrer à la maison.

Une fois le dernier carton chargé dans la voiture familiale de Penny-Love, je téléphonai à Nona afin qu'elle vienne me prendre. Amy fit un appel avec son portable et elle obtint la permission de rester pour la nuit. Amy et moi allions rester éveillées jusque tard dans la soirée pour regarder des films, manger du maïs soufflé et jouer aux cartes, comme nous le faisions avant que je quitte la maison.

C'était la meilleure nouvelle que j'avais entendue de la journée.

Nous attendions Nona à l'extérieur lorsque j'entendis mon nom.

En me retournant, j'aperçus Manny courant vers moi. Ses tresses rastas noires volaient autour de son visage, et il haletait sous l'effort.

— Je te trouve enfin ! dit-il en se pliant un peu pour retrouver son souffle. J'avais peur que tu ne sois déjà partie.

— Que fais-tu encore ici ?

— Je te cherchais. Pouvons-nous parler en tête-à-tête un instant ?

Je regardai prudemment Amy, qui était assise sur le trottoir, plongée dans un imposant livre vert.

— Bien sûr, répondis-je.

Manny me prit par le bras et me conduisit à quelques pas de distance.

— Tu ne devineras jamais ce que j'ai ici. Je rangeais mon stand, quand je suis tombé sur ceci.

— Un cahier de notes ?

— Pas un cahier de notes ordinaire.

Il l'ouvrit.

— C'est le cahier d'inscriptions que j'avais mis à l'extérieur de mon stand pendant la préparation. Il contient quelques noms.

Je baissai la voix.

— Les personnes à qui tu as fait des prédictions avant moi ?

— Précisément.

Il me remit le cahier de notes.

— Regarde ça.

Je baissai les yeux et lus trois noms.

7

K.C. Myers
Jack Carney
Jillian Grossmer

JE CONSERVAI MON CALME EN APPARENCE
parce que je soupçonnais Amy de nous écouter.
Les deux premiers noms m'étaient inconnus,

mais j'eus besoin de toute ma maîtrise pour cacher ma surprise à la vue du nom de Jill.

— Intéressant.

Je lançai un regard à Manny pour l'avertir de ne pas trop en dire devant ma sœur.

Il hocha la tête pour signifier qu'il avait compris.

— Je pensais bien que ça éveillerait ton intérêt.

— Te souviens-tu de quelque chose, à présent ?

— Nan.

Ses tresses rastas noires se balancèrent au mouvement de sa tête.

— Je ne crois pas que je finirai par me rappeler quoi que ce soit.

— Si la mémoire te revient, avertis-moi.

— Sans faute.

Dès qu'il fut parti, Amy mit son livre de côté et me regarda avec curiosité.

— Que se passe-t-il donc ? Et ne me réponds pas « rien », parce que je lis suffisamment de romans policiers pour savoir quand les gens cachent des secrets.

Je haussai les épaules.

— Il n'y a rien.

— Je ne suis pas un bébé, Sabine. Tu peux tout me dire.

— Il n'y a rien à dire. C'est juste des choses ennuyeuses à propos de la kermesse.

— Alors, montre-moi le cahier de notes.

— Non.

Je le tenais fermement derrière mon dos.

— Pourquoi pas, si c'est ennuyeux ?

Elle tenta d'attraper le cahier, mais je le levai au-dessus de ma tête et m'écartai d'elle.

— Ah ! Voilà Nona, annonçai-je, saluant en direction de la voiture qui entrait dans le stationnement. Viens, Amy.

— Tu ne joues vraiment pas franc-jeu, grogna-t-elle.

Je l'ignorai et me dépêchai vers la voiture de Nona.

Nona s'exclama de joie quand elle vit Amy, et elle l'invita à s'asseoir sur le siège avant. Amy n'était pas venue depuis que j'avais déménagé, Nona avait donc un tas de questions à propos de l'école, de son travail de mannequin et de ses leçons de musique. Je me glissai à l'arrière, heureuse d'être seule avec mes pensées — et le cahier de notes de Manny. L'ouvrant d'un coup de pouce, je suivis avec le doigt la signature fleurie, tout en cursives, de Jill. Ses deux « l » avaient une boucle identique et les points sur ses « i » étaient parfaitement centrés. Perfectionniste jusque dans son écriture.

Comment réagirait-elle à une prédiction loin d'être parfaite ?

Il serait relativement simple d'appeler Jill pour savoir ce que lui avait dit Manny. Toutefois, me le dirait-elle au téléphone ? Elle voudrait savoir pourquoi je ne l'avais pas demandé à Manny. Cela mènerait à d'autres questions embarrassantes auxquelles je n'avais pas envie de répondre.

De plus, Jill n'avait pas eu l'air bouleversée, aujourd'hui. Au milieu du chaos, pendant la kermesse, elle avait gardé une attitude calme et confiante. Nous avions parlé ensemble à plusieurs reprises, et elle n'avait jamais fait mention d'une quelconque prédiction. Si Manny était entré en transe comme un zombie et avait annoncé sa mort, j'en aurais entendu parler — sinon par Jill, du moins par quelqu'un d'autre. Quoi que lui ait dit Manny, il ne pouvait pas s'agir d'une mauvaise nouvelle ; c'était peut-être même une bonne nouvelle.

Jack et K.C. — peu importe qui ils étaient — avaient probablement reçu de bonnes prédictions aussi, et je m'inquiétais pour rien. En revanche, si j'étais la seule à avoir reçu une mauvaise prophétie, cela voudrait dire que la boule de cristal ensorcelée en avait contre *moi* personnellement.

Était-ce parce que j'étais la nouvelle propriétaire de la boule ?

Ou bien était-ce quelque chose de plus personnel… de *plus dangereux* ?

Quand nous arrivâmes à la maison, je traînai un lit de camp jusqu'en haut et l'installai dans ma chambre pour Amy. Je fus amusée par le fait que son sac à dos contenait plus de livres qu'autre chose. S'il s'était agi d'Ashley, elle aurait emporté la moitié de sa garde-robe ainsi qu'une trousse de maquillage. Comment des jumelles partageant les mêmes gènes pouvaient-elles être si différentes l'une de l'autre ?

Bien sûr, je partageais quelques-uns de ces gènes, et voyez ce que cela avait donné. Je n'étais pas sophistiquée comme maman, pleine de talents multiples comme mes sœurs ni adroite négociatrice comme papa. D'une certaine façon, j'étais le « mouton noir » de la famille. J'avais même la mèche noire dans mes cheveux blonds pour le prouver ; la marque héréditaire d'une voyante. Nona en avait une aussi, avant que ses cheveux blonds deviennent argentés.

Pendant que Nona amenait Amy faire le tour de la ferme afin de la familiariser de nouveau avec les lieux, j'offris de commencer à préparer le repas. Je pelai des carottes et coupai du poulet, puis je les mis à mijoter avec des nouilles et une soupe aux champignons pour en faire un ragoût. Des odeurs délicieuses remplirent la cuisine réchauffée par la chaleur de la cuisinière. Tout était prêt quand Amy et Nona rentrèrent avec les joues roses ; il y avait de la paille dans les longs cheveux sombres d'Amy.

Le dîner fut joyeux. Amy et moi parlâmes de la kermesse, racontant des histoires drôles à propos des gens qui étaient venus à notre stand, comme ce vieil homme qui était tellement fou de joie d'avoir atteint la cible que ses dentiers étaient tombés. Nona parla des clients les plus étonnants de Fusion d'âmes sœurs ; le petit garçon qui l'avait engagée pour trouver la personne idéale pour son père et qui s'était retrouvé avec son enseignante comme belle-mère, et cet homme qui avait découvert que la meilleure personne pour lui était son ex-femme. J'adorais voir Nona détendue et agir de sa façon habituelle, sans montrer de signes de sa maladie.

Après le repas, Nona débarrassa la table, Amy rinça la vaisselle, et je la plaçai dans le lave-vaisselle. Nous passâmes au salon pour manger du maïs soufflé au beurre et regarder un film.

Ensuite, Nona passa dans son bureau pour travailler, et Amy et moi nous montâmes à l'étage. Je me tenais devant ma glace, me brossant les cheveux, quand je réalisai d'un coup que Josh n'avait pas téléphoné. J'avais peur de penser à ce que cela pouvait signifier.

— Pourquoi fronces-tu les sourcils ? me demanda Amy, tirant sur le large t-shirt que je lui avais prêté.

— Je suis simplement fatiguée.

Il y avait probablement une douzaine de raisons sensées qui expliquaient que Josh n'ait pas appelé ; ça n'avait probablement rien à voir avec Evan.

— J'ai eu tellement de plaisir, aujourd'hui.

Amy serrait la licorne en peluche.

— Je suis contente que maman m'ait laissée venir ici.

— Moi aussi.

Je déposai la brosse et me forçai à sourire.

— Aimerais-tu choisir la veilleuse, pour cette nuit ?

Ses yeux s'agrandirent.

— Vraiment ? Pourtant, tu ne me laisses *jamais* toucher à ta collection.

— Quand tu étais petite ; tu as dix ans, maintenant. Vas-y, choisis-en une.

Elle traversa la pièce et retint son souffle presque avec déférence en ouvrant l'étagère en verre.

— Le chat noir a l'air méchant, mais la grenouille verte est amusante. Oh, j'aime la note de musique, aussi. Te souviens-tu qui te l'a offerte ?

— Ouais — toi.

J'éclatai de rire.

— C'était mon anniversaire, et tu m'as fait suivre des indices musicaux dans toute la maison jusqu'à ce que je découvre la veilleuse entourée d'un ruban rouge et branchée dans une prise au grenier.

— Attends de voir ce que je prépare pour ton prochain anniversaire.

Je gémis.

— J'ai peur.

— Tu fais bien, me taquina-t-elle, faisant de nouveau face à l'étagère.

Quelques minutes plus tard, Amy avait arrêté son choix sur une veilleuse en vitraux représentant une maison de style victorien.

— Elle a une petite fenêtre au grenier comme une maison qui donne la chair de poule dans un de mes bouquins favoris, *Le mystère du grenier hanté*.

— Tout te rappelle un livre, dis-je en plaisantant.

— J'en ai déjà lu vingt et un, ce mois-ci.

— C'est formidable. Je suis impressionnée.

— C'est triste que tu sois la seule à l'être.

Amy soupira.

— Maman dit que je devrais être plus active, et qu'à force de trop lire et de plisser les yeux, j'aurai des rides tout autour d'eux.

— Ne la laisse pas t'atteindre. Elle avait l'habitude de me dire de ne pas plisser le front, et, pourtant, il est impeccable, dis-je en levant les sourcils si haut en signe d'exagération que mon front se garnit de rides profondes.

— Tu es vraiment trop drôle.

Amy gloussa.

— J'aimerais que tu ne sois jamais partie.

— Ç'a été difficile, au début. J'ai toutefois fini par y arriver, et c'est fantastique d'être avec Nona.

— Pas si fantastique pour *moi*. Maman est toujours sur mon dos et papa travaille tellement, c'est comme s'il avait déménagé aussi. Et Ashley... enfin, notre maison n'est plus un foyer maintenant.

S'agenouillant, elle brancha la veilleuse en forme de maison victorienne. Des lueurs douces d'ambre, de vert et de bleu illuminèrent les murs. Sauf qu'Amy s'était détournée et elle se tenait à présent devant ma fenêtre, fixant la nuit noire.

Je vins la rejoindre et je glissai mon bras autour de ses frêles épaules.

— Que se passe-t-il, entre toi et Ashley ?

— Elle me rend folle.

— Comment ?

— Elle ne cesse de dire : « Nous deviendrons un duo de chanteuses célèbres. » Mais je ne veux pas chanter devant des tas de gens.

— Tu es devant des gens, pendant tes récitals de musique.

— C'est différent. Je ne suis pas l'objet d'attention, c'est la musique qui l'est. Les défilés, ça va aussi, parce que je ne dis pas grand-chose et que je passe la plupart de mon temps à rêvasser. C'est Ashley qui veut devenir une diva, pas moi.

Je hochai la tête, compréhensive.

— Alors, ne le fais pas.

— Ashley nous a déjà inscrites à des cours de chant et à plus de cours de danse. Elle dit qu'elle a besoin de moi parce qu'être jumelles, c'est un bon truc pour attirer les regards sur nous.

— Dis-lui comment tu te sens.

— J'ai essayé, mais c'est comme si elle ne m'entendait pas. Quand nous étions petites, ça ne me dérangeait pas de la laisser décider des choses pour nous. Sauf qu'à présent, elle me dit quoi porter, qui je dois fréquenter et comment me coiffer. Je ne peux plus la supporter.

— Tu ne le penses pas vraiment — tu aimes Ashley.

— Peut-être. Mais je la déteste aussi.

La colère dans sa voix me prit au dépourvu, même si je pouvais comprendre son ressentiment. On aurait dit qu'Ashley perdait les pédales — ressemblant davantage à maman. Je frissonnai à cette pensée. Ma mère en double ?

Voilà qui faisait peur.

Un peu plus tard, Amy s'était calmée et elle était recroquevillée sous la couverture, le visage à demi caché par un épais livre vert.

J'étais trop énervée pour me détendre. Il y avait eu beaucoup d'événements dans la journée, et je n'avais pas eu le temps de démêler mes émotions. D'habitude, je me vidais l'esprit avec les travaux d'aiguille ; le mouvement mécanique du fil courant sur le tissu me faisait l'effet de la méditation. Mais au moment où j'ouvris mon sac à ouvrage, le téléphone sonna.

« Josh ! » pensai-je avec fébrilité. J'espérais que c'était lui. Je saurais alors que ça allait toujours entre nous, qu'Evan ne l'avait pas dressé contre moi. Je trouverais peut-être même le courage de révéler mon passé à Josh.

En me hâtant vers l'appareil, j'essayai de visualiser la personne qui appelait. C'était un jeu psychique auquel je m'adonnais depuis que j'étais petite, et, habituellement, je devinais juste. Cette fois-ci, pourtant, quand je fouillai mon esprit à la recherche d'un visage ou d'un nom, je n'obtins rien.

Je n'étais donc aucunement préparée quand je décrochai le téléphone.

Ce n'était pas Josh.

8

— Bonsoir, Sabine, me salua ma mère de ce ton conventionnel qu'elle réservait aux étrangers et à sa fille aînée.

— Allô, maman.

Je me tus un instant.

— Heu, tu dois vouloir parler à Amy. Je vais la…

— Non, m'interrompit-elle. C'est à *toi* que je veux parler.

— À moi ?

J'enroulai le cordon du téléphone, et il s'enfonça dans la chair de mes doigts.

— Je suis désolée d'appeler si tard. Mais la journée a été assez trépidante.

— Amy m'a dit que tu restais avec une vieille amie.

— Oui, Trinity VonSchlep. Je suis certaine que tu as entendu parler de son travail en tant qu'agente de casting. Nous étions membres de la même association d'étudiantes à l'université, et ç'a été merveilleux de la revoir après tant d'années. Trinity est assez éblouie par Ashley ; cela pourrait apporter des occasions fabuleuses aux jumelles. Toutefois, ce n'est pas la raison de mon appel.

Je me raidis en préparation de l'attaque. Voici venir la *vraie* raison.

— Nous n'avons pas eu l'occasion de parler ensemble depuis la fête-anniversaire, et je voulais te dire combien j'étais contente que tu y sois venue.

— Contente ?

Cela dit par la même femme qui m'avait ordonné de ne pas assister à la fête !

— Ma chère Sabine, tu as été merveilleuse ; tu t'es comportée de façon mature et pleine d'assurance. J'étais très fière de toi.

Hein ? Avais-je bien entendu ? Ma mère — fière de *moi* ?

— Tu étais jolie et ton jeune ami m'a fait une vive impression, continua-t-elle. Josh a-t-il déjà songé à une carrière de mannequin ? Je pourrais faire le lien entre lui et quelques personnes clés, si cela l'intéresse.

— Je ne crois pas. Mais je vais le lui dire.

— Ne manque pas de lui dire également qu'il est toujours le bienvenu chez nous.

— Suis-je invitée à venir aussi ?

— Ne fais pas de blagues, Sabine. Je suis sincère.

— Dans ce cas… merci. Je vais transmettre l'invitation à Josh et nous viendrons vous voir.

— Parfait. Il est exactement le genre de jeune homme que j'espérais que tu rencontrerais, et, de toute évidence, il a une très bonne influence pour t'aider à surmonter tes problèmes du passé.

— Il n'est pas nécessaire que tu t'inquiètes à mon sujet.

— Je sais, mais je suis inquiète à propos d'Amy.

— Pourquoi ? m'enquis-je avec précaution.

— Elle est à un âge impressionnable, et je ne veux pas qu'elle fasse l'expérience de quoi que ce soit d'anormal. Je ne lui aurais pas permis de rester avec toi si je n'étais pas convaincue qu'avec le temps, tu avais abandonné toutes ces bêtises parapsychiques.

« Ouais, comme si j'allais entraîner Amy dans une assemblée de sorcières pour danser nues avec les esprits au clair de lune. »

Maman n'avait pas changé du tout — mes dons l'effrayaient toujours. Elle avait téléphoné simplement pour s'assurer que je n'allais pas pervertir ma petite sœur. Ses compliments mielleux étaient aussi artificiels qu'un édulcorant. Argumenter aurait pour seul résultat la fin abrupte de la visite d'Amy. Je répondis donc ce que maman souhaitait entendre — mentant en serrant les dents dans l'intérêt d'Amy.

Je raccrochai ensuite le téléphone violemment.

9

DIMANCHE
Je m'éveillai tôt le lendemain matin avec
un profond sentiment de danger imminent
sans d'abord me rappeler pourquoi, puis les
souvenirs m'assaillirent. La sinistre prédiction
de Manny, les paroles acérées de maman et le
silence de Josh.

Assise dans mon lit, je regardais vers la fenêtre le ciel gris adouci par la lumière orange doré de l'aube. Je me refusais à craindre la prédiction, et tout au long de ma vie j'avais appris à ne pas tenir compte des critiques de ma mère. Mais pas d'appel de Josh, il y avait là de quoi m'inquiéter.

Evan avait-il mis à exécution sa menace de tout révéler à Josh ?

Serrant mon oreiller, je ressentis une forte douleur dans mon cœur. Que ferais-je si Josh me laissait tomber ? Terminé, les rencontres romantiques le matin devant mon casier, et je devrais recommencer à m'asseoir avec les pom-pom girls pour le lunch. Mes amies me plaindraient, mais elles se demanderaient ce que j'avais fait pour perdre un mec aussi remarquable. Ou bien elles le sauraient déjà parce qu'Evan aurait répandu des rumeurs malveillantes. Dans ce cas, elles me regardaient avec méfiance.

Bien sûr, si la prédiction de Manny se concrétisait, je serais morte dans une semaine de toute façon.

Chasse ces pensées négatives tout de suite, dit une voix autoritaire et familière dans ma tête.

— Opal ! Tu es de retour ! m'exclamai-je joyeusement en laissant tomber mon oreiller et en la voyant en esprit. Une vision théâtrale de peau mordorée, de cheveux d'ébène montés en chignon sur la tête et de sourcils bruns arqués au-dessus d'yeux noirs pétillants.

Comme je te l'ai à maintes reprises répété, je ne te quitte jamais dans un sens physique.

— J'ai pourtant essayé de te joindre encore et encore, mais c'est comme si un mur m'en empêchait.

L'obstacle se situait de ton côté. J'ai continué à communiquer. Ton incapacité à m'entendre m'a causé beaucoup de frustration.

— C'était la boule de cristal ensorcelée.

L'objet dont tu parles a peu d'importance, bien qu'il ait semblé y avoir une aura inhabituelle de discorde qui l'entourait. Tu as été sage de t'éloigner d'une énergie aussi néfaste.

— Est-ce la raison pour laquelle je peux t'entendre de nouveau ? Parce qu'elle n'est pas ici ?

Il semble que ce soit un constat plausible.

— Et qu'en est-il de la prédiction de Manny ?

Amy bougea à l'autre bout de la pièce, ce qui m'incita à baisser la voix.

— Pourquoi la boule de cristal ensorcelée lui a-t-elle fait dire des choses si terribles ?

Enfin, prédire que j'avais seulement cinq jours à vivre. C'est farfelu, non ?

Le cours de ta vie doit te demeurer inconnu afin que tu puisses suivre le chemin de ton choix et apprendre par expériences.

— Alors, tu ne sais pas ?

Je ne suis pas omnisciente ; c'est le travail d'une autre personne.

— Dans ce cas, la boule de cristal ensorcelée ne le sait pas non plus.

Une déduction logique, puisque les objets terrestres n'ont pas le don de clairvoyance. Mais, s'il y a un esprit égaré, ce que tu appellerais un fantôme, je ne suis pas en mesure d'évaluer l'ampleur de son savoir-faire.

— Tu veux dire…

Je serrai mes couvertures contre mon cœur.

— La prédiction pourrait être vraie ?

Je ne ressens rien m'indiquant que tu te joindras à moi de sitôt. Il n'y a toutefois aucune certitude quand il s'agit de volonté humaine, et tu demeures la maîtresse du tracé de ta vie. Quand tu seras prête à rentrer chez toi, sois assurée que je guiderai ton voyage.

— Mais quand ? Qu'arrivera-t-il ? demandai-je, mais je sentis son énergie s'éloigner. Opal, dis-le-moi !

De l'autre côté de la pièce, Amy leva la tête et cligna des yeux ensommeillés dans ma direction.

— Sabine… as-tu dit quelque chose ?

Si Amy découvrait que j'avais parlé à ma guide spirituelle, maman ne la laisserait plus jamais me rendre visite. Je plongeai donc sous les couvertures et je feignis le sommeil.

Quand la respiration d'Amy devint régulière et que je fus certaine qu'elle dormait de nouveau profondément, je descendis du lit, et j'enfilai un jean et un chandail chaud en coton molletonné. Quittant la chambre à pas de loup, je fermai la porte si doucement qu'elle ne fit aucun bruit. Je me hâtai de descendre l'escalier et je sortis dans le matin glacé.

Il était si tôt que même les animaux ne bronchèrent pas pendant que je traversais l'allée de garage pour me diriger vers le pâturage.

Dominic vivait dans le loft au-dessus de la grange. Il avait une petite cuisine et une salle de bain privée, et l'habitude de rester seul. Son travail officiel était assistant de ferme, mais la vraie raison pour laquelle Nona l'avait engagé était pour rechercher un livre de remèdes ancestraux perdu depuis longtemps. Sa mésaventure avec les horloges démontrait que sa maladie gagnait du terrain. Je la perdais, un petit morceau à la fois. Si nous ne trouvions pas le livre contenant le seul remède pouvant la guérir, elle plongerait dans le coma et je la perdrais à jamais.

Quand Dominic m'invita dans son appartement, j'allai droit au but.

— Où est-elle ? demandai-je en regardant autour avec nervosité.

Sans photos de famille accrochées aux murs, le loft semblait aussi chaleureux qu'une chambre d'hôtel. En revanche, la façon dont Dominic me sourit quand il me vit fut un accueil réconfortant.

— Enfermée à clé dans la remise à outils, répondit Dominic.

Je remarquai une fenêtre ouverte et un perchoir inoccupé en bois sur lequel Dagger se reposait à l'occasion, et je soupçonnai que le faucon était toujours en surveillance commandée.

— Merci de me donner un coup de main.

— Pas de problème.

Il tira une clé de sa poche.

— Prends ça.

— La clé de la remise ?

Il fit signe que oui.

— Si tu veux la boule et que je ne suis pas ici.

« C'est moi qui ne serai peut-être plus là »,
pensai-je lugubrement en empochant la clé.

Un mouvement blanc attira mon attention,
et je remarquai une boule de fourrure neigeuse
recroquevillée sur le buffet de Dominic.

— Hé ! Qu'est-ce que ma chatte fait ici ?

— Elle dort.

— C'est donc ici qu'elle se cache.

Lilybelle ouvrit son œil vert, puis son œil
bleu. Pendant que je passai mes doigts dans sa
fourrure soyeuse, elle me considéra un instant.
Puis elle ferma les deux yeux et se rendormit.

— Traîtresse, déclarai-je avec affection. Tu
es censée être ma chatte.

— Elle l'est toujours, dit Dominic. Maintenant que la boule de sorcière est sortie de la
maison, elle reviendra bientôt.

— Lilybelle ne semble pas pressée. Je
crois qu'elle aime être ici.

— Et toi ?

Dominic parla avec une voix pleine d'intensité, et mon cœur bondit. Je ne voulais pas
découvrir ce qu'il voulait dire, et je changeai
de sujet à dessein.

— Je te suis reconnaissante d'avoir
emmené Amy faire le tour des stands, à la
kermesse.

Je m'éclaircis la gorge.

— Elle adore la licorne que tu as gagnée pour elle.

— C'est une brave enfant.

— Ouais, c'est vrai.

Il se tenait près de moi à nouveau. Je m'éloignai, puis babillai sans fin, peu consciente de ce que je disais.

— Amy est timide et elle n'aurait pas quitté mon stand si tu n'avais pas offert de l'accompagner. Je l'aurais fait moi-même, mais l'une de nous devait rester au stand. La seule autre personne qu'elle connaissait, c'était Josh, et il était occupé, lui aussi.

— Ouais. Je l'ai vu, dit Dominic, un sourire sardonique courbant ses lèvres. Charmant costume de clown.

La façon dont il avait prononcé le mot « charmant » n'était pas charmante du tout. Elle semblait plutôt insinuer « stupide et ridicule ». Je pinçai les lèvres et dis d'un ton froid :

— Josh est la personne la plus généreuse que je connaisse. Peu de mecs donneraient leur temps pour une bonne cause. Il est attentionné et merveilleux.

— Et il s'assure que tout le monde le sait.

— Ce n'est pas vrai. Il s'intéresse aux gens — pas comme toi.

— Je m'intéresse à certaines personnes *choisies*.

— Josh, lui, ne fait pas de sélection, et il tente de faire du monde un endroit meilleur. Il amuse des enfants malades dans les hôpitaux et, à l'école, même les professeurs ont du respect pour lui.

Dominic haussa les épaules.

— Si tu le dis.

— Tu ne sais rien de lui.

— Mais j'en sais beaucoup sur *toi*.

Il me regarda intensément.

— Peux-tu en dire autant de Josh ?

— Les choses n'ont jamais été mieux entre nous, mentis-je.

— Alors, tu ne lui as pas dit à propos… ?

Il n'avait pas besoin de terminer sa phrase. Le simple souvenir de ce violent baiser me donnait le trac.

— Non — et je n'en ai pas l'intention.

— Peur qu'il ne se fasse une mauvaise idée à propos de nous ?

— Il n'y a pas de nous.

Dominic était si près que je pouvais sentir l'odeur fraîche de sa peau. Je m'écartai d'un pas et ajoutai avec fermeté : « Ce qui s'est passé à Pine Peaks n'avait aucune signification. »

— En es-tu sûre ?

— Certaine. Nous n'avons pas à nous sentir coupables.

— Je ne me sens pas coupable.

Il traversa la pièce brusquement pour atteindre un buffet en acajou.

Pendant que je restai là, ne sachant pas quoi dire ni pourquoi j'avais l'impression que mes joues étaient en feu, il ouvrit un tiroir et en retira la boîte gravée que ma grand-mère lui avait remise. Elle avait appartenu à mon ancêtre Agnès, et elle contenait des indices menant à la cachette du livre de remèdes disparu. Quand Nona m'avait demandé de chercher avec Dominic, elle m'avait montré ce qu'il y avait à l'intérieur de la boîte : une bible familiale, une photographie de mon ancêtre Agnès avec ses quatre filles et une breloque en argent. Chacune des filles avait pris une breloque lorsqu'elles avaient été séparées après la mort d'Agnès. Nous en avions deux : un minuscule chat et une maison en argent.

— J'ai découvert quelque chose, dit Dominic en soulevant le couvercle de la boîte.

— L'emplacement des autres breloques ? demandai-je avec espoir.

— Pas encore. Mais j'ai montré celles-ci à un bijoutier.

— Bonne idée. Qu'as-tu appris ?

— Elles sont faites d'argent impur qui pourrait remonter au temps de la découverte de gisements d'argent au Nevada.

— Agnès a dit qu'elle irait dans l'Ouest. Tu crois qu'elle a fini au Nevada ?

— Je compte le découvrir.

— Comment ?

— En y allant samedi.

— Avais-tu l'intention de partir sans m'en parler ?

Je croisai les bras sur ma poitrine.

— Oublie ça tout de suite. J'y vais aussi.

— Moi, ça me va, mais ton petit ami n'aimera peut-être pas cela.

— Il n'y verra pas d'inconvénients.

« Particulièrement si Evan lui a dit ce qui est arrivé à mon ancienne école. » Il va sans dire que je ne dis pas cela, mais y penser me faisait peur. J'aimais ma vie et je voulais que rien ne change.

Dominic me fixait de son regard intense encore une fois. Mal à l'aise, je me détournai de lui en lui disant que je devais rentrer avant qu'Amy soit réveillée. Puis je me hâtai de sortir du loft.

Une fois dans ma chambre, je fermai la porte derrière moi. Amy dormait avec un bras rejeté sur le côté et l'autre enserrant son oreiller. Des cheveux noirs emmêlés s'enrou-laient autour de ses épaules, et sa douce respi-ration était calme. J'enviais son innocence, sachant que mes rêves futurs seraient loin d'être paisibles.

Je me rendis près de mon calendrier accroché au mur près de mon bureau. Je pris un stylo et je notai pour le samedi : Nevada/Dominic.

En regardant le calendrier, j'eus l'impres-sion que chaque carré blanc vide semblait menaçant. Les moments qu'il me restait à vivre. Je pensai à la prédiction mortelle de la boule de cristal ensorcelée. Cinq jours à compter d'hier. Déposant mon doigt sur la date du jour, je traçai une ligne à travers les carrés en faisant le décompte des quatre jours restants.

« Jeudi », réalisai-je, prise de nausées.

« Resterai-je en vie jusqu'à samedi ? »

10

JE DEVAIS PRENDRE MON AVENIR EN MAIN — PEU importe ce qui en restait. Je jouais un jeu dangereux où perdre pouvait être fatal.

Attendre que les jours passent sur le calendrier me rendrait folle, alors je devais découvrir contre quelle force je devais me battre. Toutefois, j'avais déjà demandé à Opal, et ses réponses étaient loin d'être rassurantes. Je ne pouvais pas demander conseil à Nona sans risquer sa santé. Je pris en considération l'idée de tenir une séance, mais Nona m'avait avertie de ne jamais inviter d'esprits inconnus dans notre demeure. Alors, que pouvais-je faire d'autre ?

C'est là que j'eus une merveilleuse idée. D'accord, elle n'était pas si géniale, mais c'était la seule idée que j'avais eue, et c'était mieux que de rester à rien faire en espérant avoir des nouvelles de Josh. Je savais qu'il ne m'appellerait pas avant midi, car il aimait faire la grasse matinée le week-end. Jill, en revanche, se vantait d'être une lève-tôt.

Je laissai une note à l'intention d'Amy et de Nona, puis je sortis ma bicyclette du garage et pris la direction de la maison de Jill, qui était à environ deux kilomètres.

Le beau-père de Jill, un homme d'âge moyen barbu et maigre prénommé Phil, répondit à la porte vêtu d'un caleçon boxeur orné d'oursons et d'un t-shirt tendu sur son ventre.

— Tu arrives trop tard, me dit-il. Jill est déjà partie travailler.

Trop tard ? Il n'était même pas neuf heures. Et quel travail ? Jill faisait constamment la leçon à son équipe sur le fait que leur travail à temps plein consistait à maintenir l'équilibre entre leurs activités de pom-pom girls et les travaux scolaires. Elle les prévenait que des séances d'entraînement manquées ou des notes sous le niveau de passage pouvaient entraîner leur retrait de l'équipe.

Phil me dit qu'elle était à l'usine CVJ, à quelques kilomètres seulement. Je sautai donc de nouveau sur mon vélo. L'air glacé du matin faisait du bien, et je me rendis compte que j'avais du plaisir. Il faudrait qu'Amy et moi allions faire du vélo plus tard. J'avais appris à mes sœurs à monter à bicyclette quand elles étaient petites, et nous avions l'habitude d'aller souvent nous promener… avant que les choses ne changent.

L'usine CVJ était le plus important employeur de Sheridan Valley. Ils fabriquaient des tuyaux et toutes sortes de matériaux industriels. De gros camions à l'emblème de CVJ sillonnaient les routes régulièrement. Mais, ce dimanche matin, le stationnement était presque désert, avec seulement quelques voitures et poids lourds. D'imposants bâtiments plongés dans le noir semblaient fermés à clé. Je ne savais pas comment trouver Jill — jusqu'à ce que j'aperçoive une porte secondaire bloquée en position ouverte. Déposant mon vélo sous un arbre, je m'approchai de la porte.

— Jill ? appelai-je en scrutant ce qui semblait être l'intérieur d'une aire de livraison. Il y a quelqu'un ?

J'entendis une réponse assourdie provenant de l'arrière du bâtiment, alors j'entrai et marchai le long d'un couloir où le son résonnait. Jill n'était nulle part en vue, mais, alors que je tournais un coin, je vis un gardien en uniforme brun qui poussait un chariot de nettoyage. Attendez une minute — le gardien, c'était Jill !

Quand elle m'aperçut, ses yeux bleus s'arrondirent et ses mains volèrent devant son visage.

— Sabine ! s'exclama-t-elle. Que fais-tu ici ?

— Je te cherchais.

— Mais, comment m'as-tu trouvée ?

— Ton beau-père m'a renseignée.

— Je vais le tuer !

Elle pinça les lèvres.

— Personne ne devait savoir où je travaille ! C'est incroyable — maintenant, tout le monde l'apprendra.

— Et alors ?

Je ne comprenais pas pourquoi elle était tellement en colère.

— Il n'y a rien de mal à avoir un boulot.

— Pas un travail comme *celui-ci*.

Elle embrassa d'un geste le chariot de nettoyage.

— J'imagine d'ici la réaction de Penny-Love quand elle découvrira que son capitaine d'équipe récure les toilettes.

— Elle s'en fichera, insistai-je, malgré mon doute.

Penny-Love avait une drôle de conception de la façon dont les gens devraient se comporter, et elle pouvait critiquer très sévèrement.

— Je suis tellement fatiguée.

Elle me lança un regard suppliant.

— S'il te plaît, ne le dis à personne.

— Pas même à Penny-Love ?

Je traçai un signe de croix sur ma poitrine.

— Promis. En retour, je veux quelque chose de toi.

— Ce que tu veux.

— Raconte-moi ce qui s'est passé hier quand tu es allée au stand de Manny.

— Pas grand-chose.

Elle semblait plus sereine, s'appuyant contre son chariot.

— J'y suis allée seulement parce que Manny est si craquant, comme un rebelle avec de l'esprit. Tout le monde s'extasie à propos de ses prédictions et je voulais savoir ce qu'il me dirait.

— Qu'a-t-il dit ?

— Pas grand-chose. La lecture a été un désastre complet.

— Vraiment ? demandai-je, soulagée.

— Ouais. Je sais qu'il est ton ami, mais son rôle de Manny le voyant, c'est du baratin.

Elle leva les yeux au ciel.

— Comprends-moi bien, je pense toujours qu'il est beau, et c'était merveilleux de sa part de nous aider pour la collecte de fonds. Mais ces prédictions étaient si extravagantes, c'en était pitoyable.

Je relâchai mon souffle de soulagement.

— Donc, il n'a rien dit de… bizarre ?

— Seulement le blabla auquel on s'attend d'un imposteur.

— Quoi, précisément ?

— Hummmm… laisse-moi réfléchir.

Elle se toucha le menton.

— Il a fait semblant d'entrer en transe, et sa boule de cristal a émis une sorte de lueur étrange. Un effet spécial absolument épatant.

— Tu ne sais pas à quel point, murmurai-je.

— La lueur s'est intensifiée, et il continuait à fixer la boule. Puis il a prononcé mon nom d'une voix grinçante et il a dit : « La personne qui t'effraie viendra te voir. »

Elle eut un rire.

— Tu es ma seule visiteuse, et je n'ai pas peur.

— Je n'ai rien d'effrayant, réussis-je à dire comme si je faisais des blagues.

— J'espérais recevoir une prédiction intéressante. Par exemple, que je tomberais amoureuse d'un grand étranger aux cheveux sombres, ou que les numéros du billet de loterie de ma mère seraient enfin gagnants et que nous serions riches. Mais Manny le voyant a été vraiment décevant.

— Comment peux-tu être certaine que la prédiction était fausse ?

— Je n'ai peur de personne.

— Vraiment de personne ? insistai-je.

— Non. Enfin, il y avait quelqu'un, mais…

Elle se tut, agrippant le manche de son balai.

— Mais il ne me fait plus peur, à présent.

— Si ce type apparaissait tout à coup, serais-tu effrayée ?

— Ça ne peut pas arriver. C'est impossible.

— Comment cela ?

Elle rencontra mon regard.

— Il est mort.

11

L'ODEUR DE RENFERMÉ ET CELLE DES DÉTERGENTS
ajoutaient au malaise causé par le silence qui
avait accueilli les paroles de Jill. Je ne savais
pas quoi dire. D'un côté, c'était rassurant
d'apprendre qu'une des prédictions de Manny
ne pouvait pas se réaliser. De l'autre, c'était
déroutant de voir Jill si bouleversée. J'avais

toujours eu de l'admiration pour sa calme assurance, et voilà qu'à présent elle semblait vulnérable.

— Je n'avais pas l'intention de raviver des souvenirs embarrassants, lui dis-je.

— Ça va.

Elle repoussa une mèche de cheveux blond miel de son front.

— En fait, j'ai l'impression de pouvoir être moi-même, avec toi, et que tu comprendras mes secrets.

— Bien, merci. Je suis douée pour garder des secrets.

— Ah oui, tu l'es ?

Elle me regarda avec curiosité.

— J'ai toujours pensé que tu ne parlais pas par timidité.

— C'est difficile de placer un mot lorsque Penny-Love est là, répliquai-je sur le ton de la blague.

— Ou bien tu ne dis pas grand-chose parce que tu as tes propres secrets.

— Moi ?

Je feignis la surprise.

— Pas du tout, exception faite du D que j'ai reçu à mon dernier examen de sciences et que j'ai dissimulé à ma grand-mère.

— Ooooh, quel crime ! Tu mérites la prison.

— Je l'admets : je suis coupable.

Je tendis mes poignets devant moi.

— Passe-moi les menottes.

Elle repoussa mes mains en souriant.

— C'est agréable de parler ainsi avec toi, tu sais, sans personne autour. Habituellement, je concentre mon énergie à diriger l'équipe.

— Tu le fais bien, et tout le monde te respecte.

— Je les ai mystifiés. Tu ne le sais peut-être pas, mais mon assurance est totalement feinte.

— Négatif, seulement à quatre-vingts pour cent.

Nous rîmes toutes les deux, puis elle m'annonça qu'il était temps de prendre une pause. Elle laissa là son équipement de nettoyage et me guida vers une petite pièce avec un coin-cuisine équipé d'une cafetière et meublée avec un canapé.

Elle se versa du café et m'en offrit une tasse. Je ne suis pas folle de cette boisson ; j'acceptai donc à la place une tisane à la framboise. Nous nous installâmes sur le canapé, et elle se tourna vers moi avec un regard gêné.

— Tu dois te demander pourquoi j'ai accepté un emploi si dégoûtant.

— En fait… un peu, admis-je.

— Je pense que je peux avoir confiance et que tu garderas ceci entre nous. Personne à l'école n'est au courant.

Savourant lentement ma tisane, j'attendis la suite.

— J'ai besoin de cet emploi pour payer mes activités de pom-pom girl. Tu n'imagines pas combien c'est coûteux ; il y a les uniformes, le camp d'entraînement et les déplacements.

— Ta mère et ton beau-père ne t'aident-ils pas financièrement ?

— Mon beau-père est le quatrième mari de ma mère, et il paie déjà une pension alimentaire pour ses trois enfants. Il n'y a jamais assez d'argent.

Jill soupira.

— Maman ne peut pas se passer d'un seul sou non plus.

— Et ton père ?

— Il est absent.

— Malgré tout, il devrait contribuer à tes dépenses.

Elle se crispa et baissa les yeux vers son café en ajoutant : « Tu te souviens de ce type dont je t'ai dit avoir peur ? »

— Le gars décédé ?

— Ouais… eh bien…

Ses yeux rencontrèrent les miens.

— C'était mon papa.

Je restai complètement sans voix ; je n'avais pas la moindre idée de la façon dont je devais réagir à cela. Finalement, tout ce que je trouvai, ce fut un dérisoire « je suis désolée ».

— Ben, moi aussi ; mais pas parce qu'il est décédé. C'est moi qui ai causé sa mort.

J'étais à présent totalement abasourdie. Le genre bouche ouverte, mâchoire tombante. De plus, je ne savais pas du tout quoi dire sans avoir l'air de porter un jugement ou d'être insensible.

— Tu dois croire que je suis abominable.

— Non, pas du tout.

— Ne sois pas gentille. Je ne le mérite pas. Je devrais aimer mon père sans condition, mais je ne peux pas... Pas après ce qu'il a fait.

Puis elle se lança dans des confidences qu'elle n'avait pas prévu faire et auxquelles je ne m'attendais pas.

— Il était une fois une famille heureuse — c'est du moins ce que je pensais —, et j'étais la petite fille chérie à papa.

Ses yeux se rétrécirent.

— Papa a perdu son emploi et il était très souvent à la maison. Il m'emmenait au zoo, en pique-nique et au cinéma. J'étais tellement fière d'être la fille chérie à son papa, jusqu'au soir où maman a dû exécuter deux quarts de travail consécutifs et où je me réveillai en sentant des mains qui parcouraient mon corps…

Elle parlait sans détour et avec force, les mots s'écoulant comme les flots d'une rivière asséchée soudainement inondée par l'orage.

Il semblait qu'une fois lancée, elle n'arrivait plus à arrêter les mots. Elle avait des larmes plein les yeux quand elle me raconta qu'il lui avait dit que c'était parce qu'il l'aimait. Il la prévint de n'en parler à personne, mais elle ne tint pas compte de son avertissement. Et les policiers emmenèrent son père.

— Il est mort en prison, conclut-elle.

L'aura de Jill vibrait, violet et rouge, comme des ecchymoses. Sa douleur me causa un choc. Je pensai à mon père, et à la façon dont il m'avait appris à faire du patin à roulettes et à devenir une joueuse de Scrabble redoutable. Même s'il était occupé, il m'envoyait régulièrement des courriels ; il s'agissait quelquefois d'une amusante blague d'avocat ou d'un court message pour dire « bonjour ». Je n'arrivais pas à imaginer avoir peur de lui.

— Donc, tu connais maintenant mon secret le plus terrible.

Je mimai le geste de boucler mes lèvres et de jeter la clé.

Elle fit semblant de l'attraper et de la mettre dans sa poche. Puis elle porta sa tasse de café à ses lèvres, fit la grimace et déclara qu'il était trop froid. Elle se leva d'un coup, se dirigea vers l'évier et rinça sa tasse.

Je la rejoignis à l'évier et lavai ma propre tasse. Ni l'une ni l'autre ne dit mot ; le son de l'eau qui coulait résonnait et l'arôme du café s'attardait dans l'air. Je pris conscience d'une autre odeur aussi. De la fumée ? Comme du tabac et de la menthe. Quand je me retournai, je vis une silhouette transparente flotter au-dessus du canapé où moi et Jill étions assises quelques secondes avant. Mais ce n'était pas comme mes visions habituelles — le visage de l'homme était effrayant, irrégulier et flou, comme les morceaux d'un puzzle qui n'étaient pas assemblés correctement.

J'entendis haleter derrière moi et je pivotai pour découvrir Jill, les yeux fixés sur lui, elle aussi.

— Oh, mon Dieu ! s'exclama-t-elle. Papa !

12

JE L'ADMETS, C'ÉTAIT PLUS QU'EFFRAYANT. J'ÉTAIS habituée à voir des fantômes, mais pas à ce que d'autres personnes les aperçoivent aussi.

— Papa ?

Jill gémit, tremblante et pâle comme la mort.

— Mais tu… ce n'est pas réel ! Je ne crois même pas aux fantômes.

Son père la regardait avec des yeux creusés dans leur orbite, comme un crâne. Sa bouche s'ouvrit, et j'eus l'impression de l'entendre dire : « Jillian ».

Elle ne sembla pas l'entendre, et se tourna vers moi avec une expression affolée.

— Sabine, dis-moi que j'hallucine. Je deviens folle, n'est-ce pas ?

— Tu n'es pas folle.

Je serrai sa main.

— Je le vois aussi.

— Mais, il… il est MORT !

— Je sais, répondis-je d'un ton compréhensif.

— Alors, comment peut-il être ici ?

— Il souhaite peut-être te dire quelque chose.

— Ou bien il est en colère et il veut se venger !

Elle poussa un cri de frayeur et recula contre le mur.

— Non, ce n'est pas ça.

J'observai la silhouette trouble. Pas un fantôme piégé sur terre, mais un esprit. Je percevais de la tristesse, mais aussi de l'amour et un sentiment de paix. Sa bouche s'ouvrit et je l'entendis prononcer ces mots : « Je suis désolé. »

Quand me tournai vers Jill, je l'aperçus qui s'était réfugiée contre le mur, les mains sur le visage.

— Ne le laisse pas me faire de mal ! me dit-elle en sanglotant.

— Il ne peut pas te faire de mal, tentai-je de lui expliquer.

— Alors, pourquoi est-il ici ?

— Parce qu'il s'inquiète pour toi et qu'il veut te transmettre un message.

— C-comment le sais-tu ? me demanda-t-elle en balbutiant. Je n'ai rien entendu.

— Écoute, peut-être réussiras-tu à capter ses paroles. Il t'appelle.

Elle leva la tête en essuyant une larme sur sa joue.

— Papa ?

Il fit un signe d'assentiment et prononça son nom, mais je constatais, en voyant son expression déroutée, que Jill ne percevait toujours rien.

— Il t'a appelée Princesse, lui dis-je.

— C'est le surnom qu'il avait l'habitude de me donner.

Tremblante, elle serra ses bras autour d'elle.

— Que dit-il, à présent ?

— Il te demande pardon.

Elle se passa la main sur le front.

— Je ne sais pas si j'ai la force de nous pardonner l'un et l'autre.

— Il veut que tu saches qu'il t'aime.

— Comment le peut-il, alors que tout est ma faute ?

Il secoua la tête.

— Oui, c'est un fait !

Jill se redressa.

— Si je ne l'avais pas raconté à maman, tu ne serais pas allé en prison et tu serais encore en vie.

Il secoua de nouveau la tête.

— Dit-il quelque chose ? me demanda Jill en saisissant mon bras.

— Oui, lui répondis-je. Mais c'est un peu comme s'il y avait un bruit de friture. Il t'assure que tu n'as rien fait de mal. C'est lui qui a mal agi. Et il est extrêmement désolé.

— Je suis désolée aussi…

Sa voix se brisa.

— Il veut que tu sois heureuse.

— Comment est-ce possible ? J'ai tout gâché.

— Il dit que, si tu n'es pas capable de lui pardonner, tu dois du moins te pardonner à toi-même.

— Je... je vais essayer.

Ses yeux brillaient de larmes.

— Il précise qu'il ne sera pas en mesure de revenir.

Jill hocha la tête, puis elle murmura : « Au revoir, papa. »

J'ai cru voir un léger sourire traverser le visage flou de son père avant qu'il ne disparaisse. Seul l'effluve de menthe et de fumée de cigare resta dans l'air.

* * *

Je suis restée un peu avec Jill, l'écoutant parler de son père ; elle ne me raconta pas les mauvais souvenirs, mais les bons. Elle était encore ébranlée, détestant son père et l'aimant tout à la fois. Quand nous nous séparâmes, son aura était plus brillante. J'étais soulagée qu'elle ne m'ait pas posé de questions auxquelles il était difficile de répondre, par exemple : pourquoi la visite d'un esprit ne m'effrayait pas et pourquoi j'entendais son père, alors qu'elle en était incapable.

Cela était sans importance par rapport au fait qui me sauta aux yeux pendant que je pédalais vers la maison.

Comme Manny l'avait prédit, Jill avait reçu la visite de la personne qui lui faisait peur.

La première prédiction s'était réalisée.

13

J'ESSAYAI DE NE PAS PANIQUER — ET J'ÉCHOUAI.

Je voulais mettre tout cela sur le compte de la coïncidence, mais quelles étaient les chances que le père de Jill apparaisse le lendemain de la prédiction ? De plus, il était difficile de passer outre le fait que son esprit s'était matérialisé alors que j'étais avec Jill, comme si j'étais un canal avec l'autre côté. Serait-il tout de même apparu si elle avait été seule ?

Mes pensées, à l'instar des rayons de mes roues de bicyclette, tournaient en rond. Puisque l'une des prédictions s'était concrétisée, cela signifiait-il que les autres se réaliseraient également ? Je refusais de croire que j'allais mourir dans cinq — ou plutôt quatre — jours. Ça n'avait simplement pas de sens. Pourtant, s'il… se *passait* quelque chose ?

Je revins à la maison, exténuée tant physiquement que psychologiquement. J'avais envie de me traîner jusqu'à mon lit et de me cacher sous les couvertures pendant les quatre prochains jours. Je serais en sécurité dans ma chambre, et, vendredi, tout serait revenu à la normale.

Plutôt que de me diriger vers ma chambre, je rejoignis ma sœur et ma grand-mère dans la cuisine. Des odeurs délicieuses flottaient dans l'air et m'entouraient comme une douce caresse. Amy et Nona étaient assises à table, se délectant de leur conversation et de gaufres aux myrtilles. Elles levèrent les yeux vers moi en souriant, et je songeai que je les adorais et au fait qu'elles m'aimaient elles aussi. Impossible d'imaginer que l'une ou l'autre pourrait faire quelque chose pour me causer du mal.

— Nous t'avons gardé des gaufres.

Amy fit un geste en direction de l'assiette couverte.

— Merci.

Je la pris.

— Tu ne révélais pas grand-chose dans ta note, me fit remarquer Nona. Où étais-tu ?

— Avec une amie.

— En tout cas, je sais que ce n'était pas Josh, déclara Amy pour me taquiner. Parce qu'il a appelé et il a demandé où tu étais. Je lui ai dit que je l'ignorais, mais que tu serais probablement de retour sous peu ; et j'avais raison.

— Josh a téléphoné !

J'en laissai presque choir l'assiette.

— Oui, répondit ma grand-mère. Il y a environ vingt minutes.

— Je reviens tout de suite.

Je me dirigeai vers le téléphone, mais Nona stoppa mon élan.

— Ne te donne pas cette peine ; il n'est pas là. Il a dit qu'il rappellerait au retour de sa partie de pêche.

Une partie de pêche ? Je ne savais même pas qu'il aimait ce sport. Il est vrai qu'il ne connaissait pas tout de moi non plus — pas encore. Je devrais cependant lui dire bientôt, sous peine de voir Evan tout gâcher.

Je ne me mêlai pas beaucoup à la conversation. Amy et Nona planifiaient une activité amusante à faire avant que ma mère vienne chercher Amy à la fin de la journée. Je n'avais pas de préférence entre courir les magasins, sortir dîner ou voir un film. Mon cerveau était bloqué sur « inquiétude ». Je ne croyais pas la prédiction, mais comment pouvais-je ne pas en tenir compte ? J'avais vraiment besoin de me confier à quelqu'un, et je pensai à Manny.

Présentant mes excuses, je quittai la table et me rendis au téléphone.

— Hé, Binnie, me salua Manny en prenant l'appel.

Je ne perdis pas de temps, et, sans révéler de détails personnels au sujet de Jill, j'appris à Manny que sa prédiction s'était réalisée.

— Wow ! dit-il, impressionné. Mes pouvoirs m'étonnent moi-même.

— Ce n'était pas toi, le grondai-je. C'était la boule de cristal ensorcelée.

— On ne peut pas profiter de son moment de gloire ?

— Pas quand ma vie est en jeu. Te souviens-tu de ta prédiction pour moi ?

— Oh… cette histoire de mort.

Son ton devint sérieux.

— Ça n'arrivera pas.

— Jill ne croyait pas sa prédiction, non plus.

— Mais, tu es en sécurité. Tu as l'autre monde de ton côté.

— Si tu parles d'Opal, elle ne sait rien à propos de la boule de cristal ensorcelée. Et, je ne veux pas patienter jusqu'à jeudi pour voir ce qui va se passer. Je dois réagir maintenant.

— Puis-je faire quelque chose pour t'aider ?

— J'espérais que c'est ce que tu me proposerais.

Je l'informai alors de ce que j'attendais de lui.

14

LE RESTE DE LA JOURNÉE FILA À TOUTE ALLURE ;
trop vite, étant donné qu'il s'agissait peut-être
de l'une de mes dernières.

Amy, Nona et moi allâmes pique-niquer à
River Oaks Park. Nous fîmes les folles sur
le terrain de jeu, glissant dans le toboggan en
colimaçon, puis donnant de grands élans pour

nous élever haut dans les airs sur les balan-
çoires. Nona nous défia à la marelle — et
gagna. J'étais gênée de me comporter comme
une enfant, mais aucun de mes camarades de
classe n'était présent, alors je me dis : pourquoi
pas ?

Nous terminâmes l'après-midi en passant
chercher un dessert à La chasse aux bonbons.
La propriétaire, Velvet, fut enchantée de nous
voir et elle nous offrit des échantillons gratuits
de fondants. Nous avons reçu un assortiment
de délicieuses saveurs comme gâteau au
fromage, caramel et noix de pécan, caramel au
beurre et tourbillon à la citrouille.

Amy fit des blagues en affirmant qu'elle
devait être au paradis, et je lui répondis qu'elle
avait raison.

Pendant que ma sœur examinait des
bocaux en verre remplis de savoureuses gâteries,
je me surpris à observer Velvet. Je ne la
connaissais pas bien, mais elle et ma grand-
mère étaient amies intimes, et elles parta-
geaient un intérêt pour le surnaturel. Elle
n'avait aucune ride ; elle pouvait donc être
âgée de trente à cinquante ans. Elle parlait avec
un accent chantant britannique et ressemblait
à une *nanny* tout ce qu'il y a de comme il faut,
en talons hauts et jupe-tailleur. Mais, dans ma

tête, je la voyais, portant une robe longue, alors qu'elle psalmodiait des incantations de guérison. Velvet avait quelque chose de presque magique.

Pendant qu'Amy et Nona étaient assises à une petite table en osier, sirotant des sodas et goûtant aux friandises, je murmurai à Velvet que je souhaitais m'entretenir avec elle en privé. Elle fit semblant d'avoir besoin de mon aide pour soulever une boîte, et nous nous glissâmes dans la pièce du fond remplie d'articles nouvel âge comme des bougies, des potions, des cristaux, de l'encens, des livres, des porte-bonheur et bien d'autres choses encore. Seuls les clients privilégiés connaissaient l'existence de cette pièce spéciale.

— Dis-moi ce qui te tracasse, me demanda Velvet, les sourcils froncés par l'inquiétude. Comment se porte ta grand-mère ? Son état s'est-il aggravé ?

— Elle va bien ; mais pas moi.

Je baissai la tête.

— As-tu quelque expérience des boules de cristal ?

— Bien sûr.

Elle pivota pour me montrer du doigt un ensemble de délicates boules de verre suspendues dans une vitrine.

— J'en ai plusieurs à vendre.

— Elles sont très jolies, mais elles sont neuves. Que sais-tu sur celles qui sont très anciennes ?

— Juste le fait que, selon la superstition, elles protègent contre le mal. Pourquoi cette question ?

— Parce que j'ai, en quelque sorte, hérité d'une très vieille boule de cristal — et de son fantôme.

Je lui expliquai que la boule de cristal ensorcelée était un cadeau d'un membre éloigné de ma famille qui l'avait conservée dans son grenier pendant des décennies ; je lui racontai que Nona avait qualifié l'objet de « chose ensorcelée » et qu'elle avait paniqué lorsque la boule s'était déplacée toute seule de ma chambre à la cuisine.

— Et ce n'est pas tout ce qu'elle a fait, ajoutai-je gravement.

Je lui parlai alors des prédictions.

— Oh, ciel ! s'exclama-t-elle quand j'eus terminé. Et une des prédictions s'est déjà réalisée ?

— Oui.

Je frissonnai.

— J'étais là lorsque c'est arrivé.

— Donc, maintenant, tu crains que la prophétie te concernant soit véridique.

— Je ne veux pas le croire, mais je ne peux pas m'empêcher d'avoir peur.

— Bien sûr que tu es effrayée. C'est, de toute évidence, l'œuvre d'un esprit perturbé.

— Opal, ma guide spirituelle, affirme la même chose. Mais elle ne sait rien de plus, et même si d'habitude je peux voir les fantômes, je n'ai rien aperçu autour de cette boule.

— Ce n'est pas bon signe, dit-elle en faisant pianoter ses doigts sur un comptoir vitré. Cela signifie que le spectre a des pouvoirs hors de l'ordinaire.

— Lesquels, par exemple ?

Je me mordillai la lèvre.

— Mes clients me rapportent souvent des récits étranges, et ton cas me rappelle l'histoire du miroir à main ornementé à vendre dans une boutique d'antiquités de la Nouvelle-Orléans ; il était hanté. Les clients ne voulaient pas l'acheter, car quand ils s'y miraient, leur reflet se déformait pour devenir quelque chose de rudement terrifiant.

— Comme c'est horrible ! Alors, qu'est-il advenu du miroir ?

— Le propriétaire de la boutique d'antiquités a décidé de le détruire.

— A-t-il réussi ? lui demandai-je avec espoir.

Velvet secoua la tête.

— Non. Lorsqu'il a essayé de le briser, il a senti des mains sur son cou et il s'est évanoui. Il a donc laissé tomber son projet de destruction. Il a pensé faire appel à un exorciseur, puis il a eu une autre idée.

— Laquelle ?

— Il a mis le miroir et son fantôme en vente sur eBay. Il en a fait un paquet et il a expédié son problème à quelqu'un d'autre.

— C'est tentant.

Je souris d'un air morose.

— Mais je ne pourrais pas faire cela à quelqu'un d'autre. Il est regrettable que le service postal ne livre pas dans l'Au-delà.

— C'est bien dommage, dit-elle à moitié sérieusement. Il me semble que ton problème est double. Tu dois empêcher la prédiction de se réaliser, et aussi te débarrasser du fantôme.

— Je ne peux pas discuter avec un fantôme que je ne peux pas voir.

Cette façon de hanter était tout à fait différente de celle du fantôme avec qui j'avais eu des démêlés à Pine Peaks.

— Tu dois te protéger.

Velvet regarda fixement autour de la pièce, puis elle se dirigea vers un rayonnage sur lequel elle prit une petite bouteille qu'elle me remit.

— La prochaine fois que tu t'approches de la boule de cristal ensorcelée, applique quelques gouttes de ceci sur ta peau.

Je regardai le flacon vert de forme allongée étiquetée « Chamo-Skull ».

— Qu'est-ce que c'est ?

— Un parfum utilisé pour la relaxation.

— Pour apaiser le fantôme ?

— Non — toi.

Elle secoua la tête.

— Tu dois être sereine pour accomplir une cérémonie de purification avec de l'eau bénite et des prières. Sois ferme quand tu parles ; ne montre aucune crainte. Dis au fantôme en termes clairs que tu veux qu'il te laisse en paix.

— Est-ce que cela me protégera ? lui demandai-je avec espoir.

— Je ne peux pas te le garantir.

Velvet semblait inquiète. Ses talons hauts cliquetèrent lorsqu'elle traversa la pièce pour atteindre une armoire avec des tablettes remplies de bouteilles, de boîtes et de plantes en pot. Elle cueillit une feuille sur une plante d'un ton bleu gris, vaporisa un épais liquide sombre dessus et l'inséra ensuite dans une petite pochette qu'elle noua autour de mon cou avec un ruban.

— Qu'est-ce que c'est ? m'enquis-je, touchant la douce pochette du bout des doigts.

— Une protection supplémentaire… au cas où.

L'inquiétude barrait son front quand elle glissa son bras autour de mes épaules.

— Bonne chance, ma chère. Tu en auras besoin.

15

LUNDI

Maman arriva à six heures précises pour prendre
Amy. La rencontre avec sa vieille amie s'était
bien passée, ce qui l'avait mise de bonne
humeur. Malgré tout, je ne voulais pas la faire
exploser, alors je portai la pochette sous mon
chandail. Je le montrerais à Manny à l'école

demain, puis je m'occuperais de la boule de cristal ensorcelée.

Pendant que j'étais dans le vestibule, d'où je saluais maman et Amy, le téléphone sonna. Les doigts croisés, l'espoir renaissant subitement, je me hâtai à l'intérieur pour répondre. Je m'essayai à deviner dans ma tête qui appelait ; je voulais tellement que ce soit Josh, je me suis imaginé voir son visage. Et j'avais raison.

— Comment s'est passée la partie de pêche ? lui demandai-je, me blottissant au creux d'une chaise rembourrée, pratiquement étourdie de soulagement par le fait qu'il me parlait encore.

— J'ai eu beaucoup de plaisir ! J'ai attrapé une espèce de poisson géant, sauf que le fil de ma canne s'est brisé et qu'il s'est échappé.

— Une histoire de pêche, dis-je pour le taquiner.

— C'est la vérité ! Puis j'ai pêché pendant des heures pour un seul minuscule poisson que j'ai dû relâcher parce qu'il était trop petit. Evan, lui, a eu plus de chance.

— Evan !

Je m'étouffai presque.

— Il était là ?

— Ouais. Le veinard a attrapé quatre énormes poissons.

« Reste calme, Sabine », me dis-je en guise d'avertissement. Je pris une profonde respiration et je lui demandai :

— Donc, Evan est allé à la pêche avec toi ?

— Nous y sommes allés avec le bateau de son père. Evan est vraiment doué pour la pêche.

« Et pour ramener les gens à lui », pensai-je avec anxiété.

— Avez-vous parlé de choses… intéressantes ? lui demandai-je.

— De sports et de trucs comme ça.

— Quels trucs ?

— Rien de particulier.

C'était comme si je pouvais voir son haussement d'épaules, en entendant ses mots. Si j'insistais trop, il pourrait se demander pourquoi. Malgré tout, je devais en savoir plus.

— A-t-il parlé de sa nouvelle copine ?

— Si tu veux dire la fille de San Jose, ils étaient simplement amis. Il pense demander à Eliza Sampson de sortir avec lui.

« Pas étonnant », pensai-je avec dégoût. Une fois qu'Evan Marshall avait obtenu ce qu'il voulait, il passait à autre chose. C'est pourquoi on l'appelait « En avant, Marsh ».

Tout de même, j'étais soulagée que Josh ne soit pas au courant des événements survenus à mon ancienne école. Pas encore, en tout cas. Je devrais lui dire moi-même — ce soir. Lui demander de venir chez moi me mettait mal à l'aise ; je lui proposai plutôt de me rendre à son domicile. Mais il m'apprit que ses parents avaient invité des amis, et que ce n'était donc pas le bon moment.

— Je te verrai demain, me dit-il.

— Pas avant ? Je dois vraiment te parler.

— Alors, vas-y maintenant.

— C'est... heu... compliqué.

Je marquai une pause.

— J'imagine que ça peut attendre.

— Juste à demain. Au lunch, nous nous assiérons à l'extérieur, seulement toi et moi.

— J'aimerais cela.

— Oh, on sonne à la porte ; ce doit être les Marshall.

— Les Marshall ?

Je me mordis la lèvre.

— Comme dans Evan Marshall ?

— Ouais. Ils nous ont invités le mois dernier, c'était donc à notre tour.

— Evan est là aussi ?

J'aspirai un peu d'air.

— Il doit manger aussi.

Josh rigola.

— Il dit qu'il a de grandes nouvelles à m'apprendre. Il se passe toujours quelque chose avec lui… Oh ! Encore la sonnette de la porte. Mes parents doivent être occupés. Je dois y aller !

Puis il me raccrocha au nez.

* * *

Josh ne se montra pas à mon casier le lendemain matin.

« Ça n'a probablement rien à voir avec Evan, me dis-je avec confiance. Josh doit être en retard. Il sera là bientôt. »

Quand Josh fut inscrit comme absent de notre classe en première période, je me dis qu'il devait être malade. Quantité de gens avaient le rhume ou la grippe. Même notre professeur principal était absent pour cause de maladie, et nous avions un remplaçant. En dépit de cela, j'étais inquiète.

En me dirigeant vers mon cours de deuxième période, j'imaginai Evan en train de montrer à Josh des articles du journal d'Arcadia High révélant mon rôle dans la tragédie. Josh aurait d'abord des doutes, mais Evan répéterait ce qu'il avait découvert grâce à sa dernière petite amie.

Tout le monde à Arcadia High connaissait les rumeurs à mon sujet et m'évitait.

Était-ce la même chose avec Josh — m'évitait-il ?

Je fonctionnais sur pilote automatique, serrant mes livres contre ma poitrine, penchée vers l'avant comme si mon sac à dos me faisait ployer sous son poids. Sans rencontrer le regard des autres, je manœuvrais à travers les couloirs bondés. En tournant un coin, je sentis soudainement les poils de mon cou se hérisser — j'avais le sentiment d'être observée.

Je ralentis et jetai un coup d'œil prudent derrière mon épaule. Rien d'inhabituel, juste l'agitation normale causée par tous les élèves qui se rendaient en classe. Je n'arrivais tout de même pas à me débarrasser de l'impression d'être épiée. Mes bras se couvrirent de chair de poule. Devrais-je me cacher ou marcher plus vite ? Je choisis le plan B et détalai devant moi sans crier gare.

Des pas résonnaient derrière moi. Je crus entendre un cri. Puis mon sac à dos fut brusquement tiré en arrière et je fus entraînée avec lui. Je criai, et mes bras battirent l'air.

Quelqu'un saisit un de mes bras et m'attrapa avant que je tombe.

— Qui ? Quoi ? m'exclamai-je en me retournant vivement.

Manny lâcha mon bras et se fendit d'un large sourire.

— Fais attention à toi, Binnie. Tu as presque fait une mauvaise chute.

— On m-me poursuivait.

Je regardai autour de moi avec nervosité, encore à bout de souffle. Puis je remarquai que Manny haletait aussi.

— Toi ! accusai-je. C'était toi, mon poursuivant !

— Je t'ai appelée, mais tu ne t'es pas arrêtée.

— Je ne t'ai pas entendu.

— C'est parce que tu courais trop vite. As-tu déjà pensé tenter ta chance avec l'équipe de course à pied ?

— Même pas.

Je rajustai mon sac à dos.

— Alors, quoi de neuf ?

— J'ai l'information que tu souhaitais.

Mon cerveau se mit au point mort, puis il repartit en un éclair. Lors de notre dernière conversation, j'avais prié Manny de chercher des renseignements sur K.C. et sur Jack.

— Qu'as-tu découvert ? m'enquis-je avec enthousiasme.

— Pas autant de choses que prévu.

Il me remit une feuille.

— Regarde ça.

Je baissai les yeux sur le papier imprimé :

K.C. Myers : onzième année, 162, 3ᵉ Avenue, appartement 34C

À contacter en cas d'urgence : Felicia Margo Swann, 209 555-1925

Jack Carney : douzième année — AIS

— Que signifient les lettres AIS ? m'enquis-je.

— « Aucune information supplémentaire » — ce qui est étrange. On exige que tous les étudiants fournissent des numéros pour les contacter.

— Alors, que se passe-t-il pour Jack ?

— Je n'en sais rien. Pourquoi ne le demandes-tu pas à ton petit ami ?

— Josh ?

Mon cœur s'emballa.

— Qu'a-t-il à voir dans tout cela ?

— J'ai obtenu une copie imprimée de l'horaire de Jack, et j'ai remarqué qu'ils sont dans la même classe d'atelier de mécanique automobile. Vérifie si Josh peut nous organiser une rencontre.

— Heu…

Je baissai les yeux ; le papier tremblait entre mes doigts.

— Je ne peux pas, aujourd'hui.

— Pourquoi ?

— Josh n'est pas ici.

— Nous mettrons donc Jack de côté. Je vais m'entretenir avec K.C.

— Tu as son horaire de cours aussi ?

— Ouais, sauf qu'il y a quelque chose de bizarre.

Il se mordilla la lèvre.

— Apparemment, il est dans ma classe de quatrième période, mais je n'ai jamais entendu parler de lui.

— Il a peut-être remplacé cette classe par une autre.

— C'est possible.

Manny accorda ses pas aux miens pendant que je poursuivais mon chemin dans le couloir.

— Si nous ne pouvons pas le trouver à l'école, nous pourrions lui rendre visite chez lui ce soir. Es-tu partante ?

— Bien sûr. C'est un rendez-vous… C'est-à-dire…

Je rougis.

— Pas un rendez-vous… une excursion planifiée, ensemble.

— Ce qui décrit un rendez-vous.

Manny rigola.

— Mais on peut appeler ça un rendez-vous d'affaires.

Je fis signe que oui, soulagée. La dernière chose dont j'avais besoin, c'était que Josh entende dire que je sortais avec un autre gars — même s'il s'agissait seulement de Manny. Penser à Josh provoquait chez moi un profond sentiment de catastrophe qui me colla à la peau tout au long de mes cours suivants. J'essayai même de l'appeler avec mon portable, mais n'obtins pas de réponse.

À la pause du midi, je m'assis, solitaire parmi un groupe de mes amis les plus proches. Je remarquai la façon dont tout le monde était en couple, sauf moi. Jill était avec un type du conseil étudiant, Penny-Love se serrait contre Jacques, son copain à l'air faussement bohème, et Kaitlyn et Catelynn — les grandes amies — faisaient de l'œil à deux jumeaux aux cheveux foncés, Dan et Derrick.

Tous posèrent la même question : « Où est Josh ? »

— Absent. Malade, expliquai-je.

Mais, s'il était malade chez lui, pourquoi personne ne répondait-il au téléphone ? J'essayai encore et encore. S'il était trop souffrant pour décrocher l'appareil, l'un de ses parents serait resté auprès de lui. Depuis que son frère était mort du cancer, ils avaient tendance à être surprotecteurs. Donc, quelqu'un aurait dû se trouver à la maison.

« Ça n'augure rien de bon, Sabine », me dis-je, l'air grave.

De plus, selon la prédiction de Manny, il ne me restait que trois jours à vivre. On aurait pensé que *cela* serait mon souci le plus sérieux. Mais non, voilà que je m'en faisais à propos de Josh. Est-ce que c'était logique ?

— Sabine !

Au son de la voix de Penny-Love, je m'extirpai de mes pensées.

— Hein ?

— De toute évidence, tu étais enfermée dans ta bulle et tu n'as rien entendu de ce que j'ai dit.

Elle envoya valser ses boucles rousses d'un mouvement de tête irrité.

— Dis à Jacques à quel point mes frères sont odieux. Il veut les rencontrer, mais je lui ai répondu : pas question. Mes frères ne sont pas présentables à des gens comme il faut.

— Bien… ils sont un peu rudes, admis-je.

— Et j'ai des ecchymoses pour le prouver, déclara Penny-Love en gémissant. Ils sont comme des chiots envahissants, et ils croient que c'est amusant de me ballotter dans tous les sens. De vrais animaux !

Jacques gloussa.

— Je veux quand même les rencontrer.

— Pas dans cette vie ! Hier soir, ils ont joué au *soccer*[1] avec une citrouille et ils l'ont envoyée s'écraser contre la fenêtre du salon. Je n'étais même pas là, et malgré cela, j'ai dû aider à nettoyer les dégâts.

— Dur, dit Jacques en trempant une frite dans la moutarde. Tout de même, on dirait que tu as une famille intéressante.

— Démente, tu veux dire.

— Je désire quand même les rencontrer. Je travaille tard ce soir, mais demain je passerai te prendre et tu pourras me présenter. Puis nous irons dans un endroit spécial.

— J'aimerais ça.

Elle se colla à lui et ils s'embrassèrent.

Gênée et jalouse, je me concentrai sur mon assiette de viande recouverte de sauce grumeleuse, de frites et de tranches de pommes ainsi que sur mon jus de pommes. Toutefois, je n'avais pas vraiment envie de manger. Je me levai et saisis mon sac à dos.

— Tu pars déjà ? me demanda Penny-Love en se tournant vers moi. Pourquoi ?

---

1. N.d.T. : Au soccer, appelé *football* hors Amérique du Nord, deux équipes s'affrontent pour marquer des points en faisant entrer avec les pieds un ballon rond dans le but adverse.

— Je n'ai pas tellement faim.

— Oh, je comprends.

Elle me couva d'un regard compatissant.

— Tu es triste parce que Josh est absent, mais ce n'est pas une raison pour partir.

— Je dois aller au laboratoire d'informatique, mentis-je. Pour aider Manny à préparer le journal de cette semaine.

— Il te fait travailler trop dur.

— J'aime travailler dur.

Elle me contempla comme si elle ne me croyait pas tout à fait, puis elle haussa les épaules.

— Eh bien, amuse-toi !

— Toi aussi, lui répondis-je.

— Oh, c'est certain.

Elle se pencha plus près de Jacques et entremêla ses doigts avec les siens.

Il donnait l'impression d'être vraiment conquis par elle, lui aussi, et ils étaient adorables ensemble. Peu de temps auparavant, Penny-Love avait eu le béguin pour Dominic, mais ça n'avait mené à rien — merci, mon Dieu ! Ils n'étaient pas du tout faits l'un pour l'autre ; Jacques semblait correspondre davantage à son type, un peu poseur, mais détendu et amical. Les voir ensemble me faisait m'apitoyer sur mon sort.

Quand j'enfilai mon sac à dos, je me cognai contre la table. Le cartable à anneaux et le livre d'histoire de l'art de Jacques vacillèrent, mais je les rattrapai avant qu'ils ne tombent par terre. Il était tellement absorbé par Penny-Love qu'il ne le remarqua pas. En baissant les yeux, je vis en revanche quelque chose d'intrigant. Il y avait un nom écrit à l'encre sur le cartable.

Sauf que ce n'était pas Jacques.

Jack Carney.

16

J'AVAIS TROUVÉ JACK !

Mais, que devais-je faire ? Si je le question-
nais à propos de la prédiction devant Penny-
Love, elle voudrait savoir pourquoi je n'avais
pas simplement posé la question à Manny. Il
devrait se souvenir de ses propres prophéties,
non ?

Je braquai mon regard sur Jacques, mourant d'envie de l'interroger tout de suite. Sauf qu'il fallait faire preuve de stratégie. Ce n'était pas comme s'il allait disparaître : pas avec Penny-Love serrée contre lui comme une chaîne tendue. J'attendrais qu'elle ne soit pas là, puis je parlerais à Jacques en privé — par exemple, après l'école, quand il serait à son travail. Je découvrirais où il travaille et je le rencontrerais « par hasard ».

Je repris mon sang-froid et quittai la cafétéria.

Comme d'habitude, Manny était au labo d'informatique, et ses doigts cliquetaient sur un clavier. Il leva les yeux et regarda à travers un rideau de tresses rastas, pas du tout étonné de me voir.

— Je me disais que tu viendrais.

— Pourquoi ?

Je fis glisser une chaise près de lui.

— Tu es soudainement devenu voyant ?

— J'aimerais. Nan, j'étais juste convaincu que tu aurais envie de savoir ce qui s'est passé en quatrième période.

— En quatrième période ? Oh — K.C. Myers !

La mémoire me revint. Il avait raison : j'étais curieuse.

— Lui as-tu parlé ?

— Il n'était pas là.

— Donc, c'était une erreur d'horaire ?

Il secoua la tête.

— Il s'avère qu'il *est* dans ma classe, mais souvent absent.

Cela me rappela Josh. Ne pas connaître la raison pour laquelle il n'était pas là me causait de l'inquiétude, en particulier depuis que j'avais appris qu'Evan était absent aussi.

— Je n'arrive pas à comprendre comment je peux avoir un cours avec K.C. et ne pas le connaître, disait Manny en mâchouillant le bout de son crayon à mine. Suis-je en train de perdre mon flair journalistique ? Je suis habituellement observateur, mais il ne me vient aucune image de K.C. Mon professeur n'a pas pu m'apprendre grand-chose non plus, excepté qu'il s'assied au fond de la classe, qu'il est silencieux, et qu'il a une taille et un poids dans la moyenne.

— Un jeune ordinaire dont personne ne se souvient ? Il doit avoir quelques amis.

— On pourrait croire que oui, mais je me suis informé ici et là, et *nada*.

Manny forma un cercle avec son pouce et son index.

— C'est comme s'il n'existait pas.

— Ben, il doit exister, puisque tu as trouvé son adresse et son numéro de téléphone.

— Personne ne répond à ce numéro. Veux-tu aller jeter un œil à cette adresse, ce soir ?

— Je ne manquerais ça pour rien au monde.

— Parfait.

Manny regarda brièvement sa montre au bracelet de cuir.

— Je viens te chercher à dix-neuf heures ?

— Ça me va.

— C'est un rencard !

— Pas un rencard, rectifiai-je d'un ton ferme. Un rendez-vous d'affaires.

Manny rejeta sa tête en arrière et éclata de rire.

* * *

Comme Josh n'était pas à l'école, je fis une partie du chemin à pied avec Penny-Love. Elle flottait dans un état de romantisme euphorique et n'avait qu'un seul sujet de conversation : Jacques (alias Jack Carney). Ça me convenait parfaitement, car je souhaitais en savoir plus à son propos.

— Son stand à la kermesse a été très populaire, lui dis-je, mine de rien. Ma sœur a adoré
ce qu'il a peint sur son visage.

— Il est tellement doué. Je m'attends
toujours à ce qu'il agisse comme un artiste
capricieux, mais à tous les coups il est détendu
et dit les choses les plus adorables.

— Il a l'air sympa.

Nous patientâmes à une intersection
pendant qu'un camion nous dépassait.

— J'ai entendu dire qu'il est passé au
stand de Manny. Comment c'était ?

— Géant !

Elle sautillait presque le long de la route.

— La meilleure prédiction de tous les
temps.

— Vraiment ?

— Ouais. Il n'en avait pas envie, au début,
mais je l'ai mis au défi. Je voulais entrer avec
lui, mais il m'a fait patienter à l'extérieur du
stand, là où je ne pouvais rien saisir de la
conversation.

Je souris en moi-même. Penny-Love tirait
son plaisir d'être au cœur de l'action. Attendre
avait dû la rendre folle.

— Alors, comment as-tu su, pour la
prédiction ? lui demandai-je.

— Il me l'a racontée après.

— Et ?

Je m'arrêtai sur le trottoir pour lui faire face.

— Il a prédit que Jacques s'éprendrait d'une beauté.

Elle ouvrit grand les bras, puis pointa un doigt vers elle-même.

— Moi !

— C'est merveilleux.

Mais pas du tout ce à quoi je m'attendais. Comme quand on va au cinéma en s'attendant à voir un film d'horreur et qu'on découvre qu'il s'agissait en fait d'un dessin animé de Disney.

— Tu es certaine que c'est tout ce que Manny a prédit ?

— N'est-ce pas suffisant ? C'est tellement sensationnel que nous soyons chacune avec un type épatant.

Ses joues presque aussi rouges que ses cheveux bouclés ; elle continua à monologuer sur l'amour et les rencards. Je hochais la tête au moment opportun, mais mon cerveau partit à la dérive. Pourquoi Manny avait-il fait à Jacques une prédiction si différente de celles qu'il nous avait faites, à moi et à Jill ? La boule de cristal ensorcelée nous menait-elle en bateau ? Ou bien peut-être que l'esprit dérangé qui l'habitait aimait Jacques davantage.

Après que Penny-Love fut rentrée chez elle, je passai quelques moments avec Nona. Je me sentais optimiste en voyant Nona s'activer dans la cuisine sans montrer aucun signe de sa maladie. Un ragoût de légumes mijotait dans le Crock Pot[2], et son délicieux parfum rendait la pièce plus chaleureuse.

Quand je m'informai auprès de Nona pour savoir si j'avais eu des appels, elle secoua la tête. J'essayai donc de joindre Josh à son numéro, mais n'obtins de réponse que celle du répondeur. J'avais déjà laissé deux messages, et j'avais trop de fierté pour en ajouter un troisième. Je vérifiai même mes courriels à la recherche d'une note de sa part, mais il n'y en avait pas. En parcourant rapidement mes messages, je découvris une blague de mon père, deux courriels d'Amy, un d'Ashley et une douzaine de pourriels que j'effaçai immédiatement.

Malheureusement, mes problèmes n'étaient pas livrés avec un bouton « Supprimer ».

Je sautai sur ma bicyclette et pris la direction du chantier de construction où, au dire de Penny-Love, Jacques travaillait. Ce n'était pas trop loin, environ cinq kilomètres, dans une

---

2. N.d.T. : Crock Pot est la marque déposée d'une mijoteuse, c'est-à-dire une cocotte électrique servant à faire cuire longuement des aliments à feu doux.

partie de la ville qui était autrefois un pâturage, mais qui se transformait à toute vitesse en nouveaux lotissements résidentiels.

Je repérai Jacques tout de suite au milieu d'un groupe de gars peu ragoûtants portant des casques jaunes, des t-shirts orange et des jeans souillés. Il essuya la sueur sur son front et leva les sourcils quand il me vit derrière la clôture grillagée.

— Sabine ? me cria-t-il en faisant glisser un marteau dans une boucle de sa ceinture de travail et en descendant d'une échelle.

Il me rejoignit derrière la clôture.

— Que fais-tu ici ?

— Je me promenais à vélo, et …

Ma bouche devint sèche ; mon courage flancha.

À l'extérieur de l'école, Jacques semblait plus vieux, et la petite étincelle dans ses yeux me dérangeait. Ses collègues de travail à l'allure de durs à cuire ne me rassuraient pas non plus. Je reconnus l'un d'eux pour l'avoir vu à l'école ; selon la rumeur, il était impliqué dans la vente de drogue.

Jacques changea de position sur le sol taché d'huile pour me faire face.

— Et toi, ça va ?

— Ouais.

J'avalai ma salive.

— Je souhaitais te demander quelque chose ; mais si tu es occupé…

— Le travail peut attendre.

Il me fit un clin d'œil.

— C'est une chose que tu préférerais que Pen n'entende pas ?

— Ben… je crois que oui.

— Tu cherches un peu d'aventure ?

Je le fixai, le visage dénué d'expression et le cœur battant la chamade. Je ne savais pas s'il parlait de drogue ou de sexe, et je ne souhaitais pas le découvrir.

— Non, dis-je avec calme. Certainement pas.

— Hé, je te faisais juste marcher. Je sais que tu es réglo.

Il me tapota l'épaule comme pour me rassurer — mais cela eut tout l'effet contraire.

— Alors, sur quoi voulais-tu me questionner ?

— Sur la prédiction que tu as reçue pendant la kermesse.

— Ah ! Ça. Je ne crois pas ces histoires de voyant, mais Pen a insisté ; je me suis dit, qu'est-ce que ça peut faire ?

Il haussa les épaules comme s'il ne prenait rien au sérieux et s'attendait à ce que la vie lui offre une jolie promenade pendant que les autres prenaient les choses en main.

— Y a-t-il eu un événement étrange quand tu as parlé avec Manny ?

— Rien, sauf que le mec était totalement défoncé, ou quelque chose de ce genre.

« Bien sûr, c'est le genre de supposition que tu ferais », me dis-je. Je découvris que je l'aimais de moins en moins. Je gardai toutefois mon opinion pour moi-même.

— La boule de cristal semblait-elle… bizarre ?

— Ouais. Il n'y avait aucun fil électrique, pourtant elle flamboyait comme si elle était en feu. Elle a même flotté au-dessus de la table. Trop épatant ! Comment a-t-il fait cela ?

— Effets de lumière.

— Ben, ça m'a renversé. Meilleure partie du spectacle.

— Qu'as-tu pensé de ta prédiction ?

— Pas grand-chose.

Il cracha dans une flaque d'huile sur le sol.

— Du grand n'importe quoi.

— Mais, je croyais que tu l'avais aimée. Penny-Love n'avait que de bons commentaires pour dire combien elle était fantastique.

— C'est parce que je lui ai dit ce qu'elle voulait entendre. Je dois assurer le bonheur de ma copine, me répondit-il avec un autre de ses clins d'œil condescendants. Elle est incapable de résister à ces conneries romantiques.

— Donc, Manny ne t'a pas annoncé que tu tomberais amoureux d'une beauté ?

— Nan. J'ai tout inventé.

Il sourit largement ; puis il me révéla la véritable prédiction.

17

— Tu es censé tomber de cheval ? lui demandai-je avec étonnement.

Ce n'était pas aussi idiot que de s'éprendre d'une beauté, mais absolument pas ce à quoi je m'attendais.

— Es-tu certain de l'avoir bien compris ?

— Je n'avais pas la gueule de bois, ni rien de ce genre, si c'est ce à quoi tu penses.

— Ce n'est pas ce que j'ai voulu dire.

Mes cheveux tombèrent sur mon visage tandis que je jetais un œil sur le chantier de construction.

Chuter d'un toit ou d'une échelle serait logique, mais d'un cheval ? Cet endroit avait un zonage résidentiel pour la construction de nouveaux lotissements — il n'était pas destiné au bétail. De plus, Penny-Love m'avait dit que Jacques vivait dans un appartement de la rue Principale.

— Je sais ce que j'ai entendu, affirma Jacques, sur la défensive. Ce mec voyant, il a dit d'une voix genre caverneuse : « Tu subiras une grave blessure en tombant d'un cheval. » Mais aucune chance que ça arrive.

— Comment peux-tu en être sûr ?

— Je suis allergique aux chevaux. Quand j'étais petit, on a dû me transporter en catastrophe aux urgences après que j'ai monté un poney. Bon sang, j'étais presque mort ! Après cet incident, je ne voulais même pas monter sur un cheval de bois dans un manège.

— Tu ne montes pas du tout ?

— Jamais. Je ne peux pas regarder cet animal sans éternuer. Je me tiens loin de ces bêtes.

— C'est formidable, affirmai-je.

Puis je remarquai son regard surpris, et je précisai que, ce qui était formidable, c'était le fait qu'il ne ferait pas une chute dangereuse. Ce que je pensais vraiment, c'est que c'était formidable que son allergie empêche la prédiction de se réaliser. Si elle ne pouvait pas se produire, le fantôme de la boule de cristal ensorcelée n'avait pas de réels pouvoirs. Ma prédiction ne se concrétiserait pas non plus.

Jacques jeta un œil par-dessus son épaule vers l'endroit où un camion semi-remorque s'engageait sur le site.

— C'est tout ce dont tu as besoin ?

— Ouais.

— Je ferais mieux de retourner travailler, dit-il en me saluant.

Je lui fis signe de la main aussi, puis me hâtai vers mon vélo — pressée de m'éloigner de lui. Ses renseignements s'avéraient peut-être bons pour moi, mais toute son attitude dégoûtante, c'était plutôt une mauvaise nouvelle pour Penny-Love. Elle pensait que Jacques était détendu parce que c'était un artiste créatif. Moi, je supposais que cela avait plus à

voir avec les drogues. Quand elle le découvrirait, elle serait anéantie.

Devrais-je lui dire ? Et si je le faisais, me
croirait-elle ?

* * *

Penny-Love n'était pas la seule à avoir une vie
amoureuse turbulente.

Quand je rentrai à la maison, je découvris
que Josh n'avait *toujours pas* appelé, et j'en
rendis Evan responsable. Il avait dû mettre sa
menace à exécution et révéler à Josh tout ce
qu'il savait sur moi.

La déception se transforma en colère.
Enfin, est-ce si important que j'aie caché
quelques secrets à Josh ? Il y avait des choses
dont il ne m'avait pas parlé non plus, comme
toutes ces rencontres qu'il avait avec son club
de magiciens. Je respectais sa vie privée, et, en
échange, il devait faire de même avec la
mienne. Mais le fait qu'il n'avait pas répondu
à mes appels prouvait le contraire.

Eh bien, parfait ! Je n'avais pas besoin de
fréquenter un gars si prompt à me juger. S'il ne
pouvait pas accepter mon passé, je devrais
accepter de le perdre. Malgré tout, si les rôles
étaient inversés, je le lui aurais dit en personne.

M'éviter était lâche ; pas une chose que j'aurais crue de la part de Josh.

Je fixais le téléphone, craignant et souhaitant tout à la fois qu'il sonne, quand j'entendis le gravier crisser. Regardant par la fenêtre, je vis une voiture descendre le long de notre allée de garage. Mon cœur bondit et j'espérai que ce fût Josh. Un miracle qui ne se produisit pas.

En fait, c'était Manny, et il avait amené une surprise — Thorn.

Lorsque Manny m'avait présentée à Thorn, au premier abord, nous nous étions méfiées l'une de l'autre. Elle avait une personnalité aussi épineuse que son surnom[3]. Ses multiples perçages, son maquillage théâtral et ses ensembles noirs morbides proclamaient « rebelle » à grands cris, alors que moi, j'adoptais un style décontracté et portais des vêtements de marque. Mais Manny nous avait poussées l'une vers l'autre, et nous étions devenues amies. On ne peut pas dire que mes copines l'aient bien pris, particulièrement Penny-Love, qui avait une piètre opinion des gothiques.

J'étais plus intime avec Thorn depuis notre voyage à Pine Peaks, au cours duquel j'avais découvert son vrai nom (Beth), sa véritable couleur de cheveux (blond foncé) et la profession de sa mère (pasteure).

---

3. N.d.T. : Thorn signifie « épine » en français.

Aujourd'hui, elle portait un pantalon de cuir, un manteau noir, un collier à pointes et une ceinture tissée avec du fil barbelé. Au lieu de ses chaussures noires, elle portait des chaussures de sport rose bonbon qui allaient de pair avec la fausse pierre rose ornant son sourcil percé.

— Le rose est le nouveau noir, dit Thorn quand elle me surprit à la fixer. Je songe à me procurer une perruque rose et noir.

— Vas-y.

Je fis un large sourire.

— Manny m'a mise au courant des étranges prédictions, et je n'ai pas pu m'empêcher de l'accompagner. J'espère que tu es d'accord.

— Je suis tout à fait d'accord, répondis-je sincèrement.

Elle était la première personne de mon âge de ma connaissance à être dotée de talents psychiques, quoiqu'elle rabaissât son don de trouver des choses à un simple jeu. Cela avait été plus qu'un jeu quand elle m'avait aidée à retrouver une camarade de classe qui saignait à mort. Son jeu avait contribué à sauver une vie.

— J'ai pensé que je pourrais vous aider, dit Thorn en bouclant sa ceinture sur le siège avant.

— Parce que tu es une « trouveuse » ? lui dit Manny pour la taquiner, sachant que Thorn détestait les étiquettes, particulièrement pour elle.

— Vraiment pas.

Elle lui lança un regard hargneux.

— Je peux vous aider parce que j'ai un ami qui demeure dans le même immeuble.

Je tirai sur ma ceinture de sécurité pour me détacher du siège arrière et faire face à Thorn.

— Ton ami connaît-il K.C. ?

— Non. Il dit que je dois me tromper d'appartement, car il y a seulement une femme et une fillette à ce numéro.

J'eus soudain une idée qui ne m'était pas apparue auparavant.

— Est-ce que K.C. pourrait être une fille ?

Manny secoua la tête.

— Pas selon les dossiers de l'école.

— Peut-être a-t-il déménagé sans en avertir l'administration, suggéra Thorn.

— Assez facile à vérifier. Il y a quelque chose d'étrange à ce que personne ne connaisse ce mec.

— Rien de mal à être indépendant et pas un mouton, déclara Thorn en me lançant un regard accusateur.

— Il pourrait être timide, dis-je, un peu sur la défensive.

— Ou invisible, blagua Manny.

Il mit son clignotant pour virer à droite, puis il roula le long d'une rue avec peu de lampadaires et encore moins de panneaux indiquant le nom des rues.

« Ce n'est pas la meilleure partie de la ville », pensai-je en ressentant un malaise lorsque je remarquai des silhouettes misérables fourmillant au coin des rues. Thorn guida Manny vers un immeuble locatif miteux de trois étages. Même sous une faible lumière, il était évident qu'il avait besoin de peinture et d'un nouveau toit. Nous localisâmes les escaliers et montâmes au troisième.

— Attendez ici, les filles, dit Manny alors que nous approchions de l'appartement 34C. Je vais aller devant pour voir de quoi il retourne.

— Et t'amuser sans nous ? lui demanda Thorn. Je ne crois pas.

— C'est plus sûr si seul l'un de nous y va.

— Alors, pourquoi ça devrait être toi ? Parce que tu es un gars ?

Thorn arqua son sourcil clouté de rose.

— Pour information, j'ai pris des cours d'autodéfense et de kick-boxing. Toi, par contre, tu paniques quand tu te coupes avec une feuille de papier.

— Juste une fois, souligna Manny. Mon pouce saignait.

— Poule mouillée.

— Ben, toi, tu es sans cœur et….

— Ça suffit.

Je m'interposai entre eux.

— C'est mon problème, alors c'est moi qui y vais.

Avant qu'ils ne puissent m'arrêter, je les repoussai et frappai à la porte. Jetant un œil derrière moi, je posai mon doigt sur mes lèvres en leur faisant signe de rester là.

Quand je perçus des pas derrière la porte, je me forçai à paraître calme. Une vie passée à faire semblant de ne pas voir de fantômes ou entendre d'esprits rendait facile la dissimulation de mes émotions. Seul mon cœur battant à tout rompre trahissait mon angoisse. Qu'est-ce que je faisais ici, de toute façon ? Si K.C. répondait, que devrais-je lui dire ? Je ne pouvais tout de même pas lâcher : « T'a-t-on prédit la mort, récemment ? »

Je fus donc quelque peu soulagée quand une femme d'âge moyen ouvrit la porte. Elle avait des rides de fatigue gravées sur la peau, et ses cheveux noirs étaient retenus par un foulard. Elle me regarda d'un air indifférent. Sa main serrait la poignée, prête à me claquer la porte au visage.

— Je n'achète rien, déclara-t-elle brusquement.

— Bien, parce que je ne vends rien.

— Que veux-tu, alors ?

Profonde respiration.

— Je cherche K.C.

— Pourquoi ? me demanda-t-elle. Qu'est-ce que tu lui veux ?

— Nous, heu, allons à l'école ensemble. Demeure-t-il ici ?

— Bien sûr que oui, je n'ai jamais dit le contraire. Je suis responsable de lui, après tout.

— Êtes-vous sa mère ?

— Est-ce que j'ai l'air assez âgée pour avoir un adolescent ?

Elle me dévisagea, et je fus contente qu'elle n'attende pas de réponse.

— Sa mère, c'est ma sœur aînée, seulement elle s'est retrouvée en taule, alors j'ai recueilli K.C. et sa sœur.

— C'était très charitable de votre part.

Je tentai de voir derrière elle, espérant apercevoir K.C., mais je ne vis aucun mouvement, sauf la lueur provenant du téléviseur.

— Puis-je parler à K.C. ?

— Non, parce qu'il n'est pas ici. Il est sorti avec des amis.

— Quels amis ? lui demandai-je, surprise.

— Je ne tiens pas les comptes…

Elle haussa les épaules.

— Il est si populaire, toujours pressé d'aller à des fêtes et à des activités scolaires.

Populaire ? Des fêtes ? Parlions-nous de la même personne ?

— Connaissez-vous l'adresse ou le numéro de téléphone de ses amis ? lui demandai-je. C'est vraiment important pour moi de lui parler.

— À quel sujet ?

Elle me regarda avec méfiance.

— Heu… un projet scolaire. À quelle heure l'attendez-vous ?

— Je ne suis pas sa secrétaire. Et j'ai assez de choses à faire avec ma nièce, alors, si ça ne vous dérange pas, je dois retourner…

— Attendez !

Je mis mon pied dans l'entrebâillement de la porte.

— Est-ce que je pourrais parler à votre nièce ? Peut-être sait-elle…

— Zoey n'a que cinq ans, et elle ne sait rien. Ne viens plus me déranger.

Puis elle donna un coup sur mon pied pour le déloger et me claqua la porte au nez.

— J'ai de la peine pour Zoey, dit Thorn en arrivant à ma hauteur. Cette femme, c'est une mégère à deux pattes.

— Je n'ai pas géré cette situation correctement, déclarai-je d'un ton d'excuse accompagné d'un haussement d'épaules. J'aurais dû vous laisser parler.

— Tu as été bonne, m'assura Manny.

— Sauf au moment où je lui ai dit qu'elle était vieille et à celui où elle m'a claqué la porte au nez.

Je soupirai.

— Comment peut-on trouver K.C., à présent ?

Manny se tourna vers Thorn.

— Fais ton truc de « trouveuse ».

— Pas si facile. Je devrais tenir quelque chose qui lui appartient. C'est peu probable que cette femme nous donne quoi que ce soit.

— J'ai ressenti une étrange vibration émanant d'elle, comme si elle craignait quelque chose ou quelqu'un.

C'était difficile d'expliquer le sentiment de malaise qui me collait à la peau. Il se manifestait avec des teintes de gris et de rouge, mais pas avec une réponse claire.

— Alors, de qui a-t-elle peur ? me dit Thorn. Et si K.C. était du genre violent.

— Nous ferions mieux de le découvrir.

Manny se frotta le menton et fixa songeusement la porte close de l'appartement.

— Allons parler à quelques voisins.

Personne ne répondit dans les deux premiers logements où nous tentâmes notre chance, bien que je fusse consciente de mouvements derrière les judas. Je devinai que les gens d'ici étaient d'un naturel méfiant. C'est un vieil homme qui ouvrit la troisième porte, et, comme il était dur d'oreille, il nous fut impossible de le questionner. Enfin, quelqu'un répondit à notre quatrième tentative — un type au crâne rasé dont le téléviseur diffusait bruyamment un match de boxe. Cependant, quand nous l'interrogeâmes à propos de K.C., il nous dit qu'il n'avait jamais entendu parler de ce gars.

Thorn suggéra de s'informer auprès de son ami, puis nous mena en bas. Son ami, Kevin, était un garçon drapé de noir et maquillé de blanc et avec suffisamment de perçages pour déclencher tous les détecteurs de métaux à deux kilomètres à la ronde. Il confirma que seules la femme et la fillette vivaient au 34C.

Quand nous quittâmes finalement l'immeuble, même moi je commençais à douter de l'existence de K.C. Manny avait peut-être raison : le gars était invisible.

Lorsque je revins à la maison, j'étais déconcertée, morte de fatigue et découragée.

Mais mon état d'esprit s'améliora une fois que je découvris que j'avais reçu un appel.

De Josh.

18

MARDI
— Qu'a-t-il dit ?
Je bondis presque sur ma grand-mère.
— Je l'ai noté afin de ne pas l'oublier.
Maintenant, où ai-je déposé le papier ?

Nous passâmes vingt minutes à le chercher, jusqu'à ce que je l'aperçoive enfin, collé sur le réfrigérateur à l'aide d'un aimant.

Nona repoussa ses boucles gris-blond et rougit lorsqu'elle dit d'un ton d'excuse :

— Je ne me souviens pas l'avoir mis là.

Je lui déclarai que cela n'avait pas d'importance, mais nous savions toutes les deux que c'était faux. Encore une preuve que sa mémoire diminuait. Je la perdais petit à petit.

Regardant le papier rose dans ma main, je lus le message de Josh :

Casier demain. Je t'aime, Josh.

— C'est tout ? lui demandai-je, regardant au verso de la note en espérant trouver autre chose, comme où il était toute la journée et pourquoi il n'avait pas téléphoné plus tôt.

Mais, au moins, il *avait* appelé et il voulait me voir demain matin. J'en conclus donc que notre relation allait bien. Je me sentais à présent plus légère, à tel point que c'en était étonnant ; comme si mes pieds s'élevaient du sol et que je flottais près du plafond. Si Evan avait tenté de distiller son poison pour détourner Josh de moi, ça n'avait pas fonctionné. Josh avait suffisamment de sentiments pour terminer son message par « Je t'aime, Josh. »

Sous la lueur d'une veilleuse en forme de cœur, je m'endormis en souriant.

Me préparer pour l'école le lendemain matin fut plus long qu'à l'habitude. J'essayai une douzaine d'ensembles, et les détestai tous ; je me décidai finalement pour un jean et un t-shirt jaune. Puis je passai au moins trente minutes à me coiffer, à choisir la paire de boucles d'oreille parfaites et à me maquiller. Quand je rencontrai Penny-Love par hasard en arrivant à l'école ce matin-là, elle me dit que j'avais l'air sexy.

Ironiquement, maintenant que mon copain était de retour, le sien était absent. Jacques (alias Jack) n'avait pas téléphoné la veille ni tenu sa promesse de la conduire à l'école. Comme d'habitude, elle sauta aux pires conclusions et se dit qu'il avait trouvé une autre fille.

— Je savais que c'était trop beau pour durer, déclara-t-elle en s'éloignant de la horde de jeunes qui entrait dans l'établissement. Les garçons me déçoivent toujours ; pourquoi Jacques serait-il différent ? J'allais m'inscrire à un cours d'art, afin que nous ayons plus de centres d'intérêt en commun. Il est plus vieux et plus intelligent, pourquoi voudrait-il être avec moi ?

— Parce que tu es brillante, superbe et amusante. C'est toi qui es trop bien pour lui. Des tas de mecs adoreraient avoir la chance d'être avec toi.

— Je suis sortie avec des tas de mecs, et ils n'arrivent pas à la cheville de Jacques. Mais ta loyauté est touchante, me répondit Penny-Love en souriant tristement.

— Je veux juste que tu sois heureuse.

— Je le serai quand je découvrirai que Jacques a une bonne raison d'être absent — comme une maladie grave.

— La mononucléose ? La maladie du baiser ?

— Pas grave à ce point-là !

Elle réalisa que je la taquinais, et nous rîmes ensemble.

Nous nous quittâmes pour aller chacune de notre côté et, quelques minutes plus tard, j'aperçus Josh m'attendant près de mon casier. Il sourit largement en me voyant, et je devinai qu'il aimait mon allure.

« Sabine » fut tout ce qu'il dit avant de passer ses bras autour de moi et de m'embrasser en plein couloir.

Habituellement, Josh était extrêmement réservé, mais ce changement d'attitude n'avait rien pour me déplaire.

— Où étais-tu donc, hier ?

J'essayai d'avoir l'air détendue en faisant tourner les chiffres de ma combinaison pour ouvrir mon casier, et j'en tirai mon cahier d'anglais.

— Avec Evan.

— Evan !

Je serrai mon livre plus fort.

— Ouais. Tu sais que nous sommes allés pêcher, dimanche.

Je fis signe que oui en sentant le malaise me gagner.

— Bien, nous avons oublié son sac à dos sur le bateau de son père, et il en avait besoin pour son cours de biologie. Mais il n'avait aucun moyen de se rendre au bateau. Ses parents étaient déjà partis travailler, et il n'a pas de voiture.

— Alors, Josh est venu à la rescousse ?

Je tentai de ne pas prendre un ton sarcastique, en vain.

— Hé, qu'aurais-je pu faire d'autre ?

Il ouvrit les bras.

— S'il échoue à son test de rattrapage, il ne reviendra pas dans l'équipe. En plus, je me suis dit que nous serions de retour avant le début des cours. Mais ce n'est pas ainsi que les choses se sont passées.

— Alors, qu'est-ce qui s'est passé, en fait ?

La première cloche sonna, et nous marchâmes le long du couloir. Josh me raconta rapidement le reste de l'histoire. Elle était incroyable, mais, venant de Josh, je savais que ce devait être vrai.

Josh avait conduit Evan à la marina où le bateau était amarré, ils étaient montés à bord, et ils avaient trouvé le manuel. Mais les amarres s'étaient desserrées et ils avaient dérivé loin du quai, jusqu'au milieu du glacial lac de montagne. Evan n'avait pas les clés pour démarrer (pourquoi cela ne me surprenait-il pas ?). Ils ne pouvaient pas revenir à la nage parce que l'eau était trop froide. Evan avait un téléphone portable, mais il n'avait capté aucun signal. Ils attendirent donc tout l'après-midi qu'un autre bateau navigue de ce côté et les tire jusqu'au quai.

— À ce moment-là, il n'y avait plus personne à l'école et tu n'étais pas à la maison non plus, termina Josh. Où étais-tu ?

J'hésitai.

— Partie réaliser une entrevue pour le journal.

— Depuis quand fais-tu des entrevues ? Tu es réviseuse.

— Ouais, mais Manny était à court de main-d'œuvre.

— Tu ne devrais pas permettre à ce mec de t'obliger à faire son travail. Je n'aime pas sa façon de toujours abuser de toi.

— Comme Evan avec toi ?

— Message reçu.

Josh sourit d'un air contrit.

— Je sais que tu as raison ; c'est difficile de répondre non à Evan. Quand mon frère vivait, lui et Evan étaient mes héros, et j'étais la petite peste qui les suivait. Maintenant, il y a seulement moi et Evan…

Il marqua une pause, le regard vide. Son frère était un sujet personnel et rarement discuté. La première fois qu'il m'avait parlé de son deuil, je m'étais demandé si son frère tenterait de lui faire parvenir un message par mon entremise. Mais il n'y avait rien eu, et je doutais que Josh soit ouvert à en recevoir un de toute façon.

Je changeai volontairement de sujet.

— C'était un long moment à passer, prisonniers sur un bateau. Qu'avez-vous fait, Evan et toi, pour vous occuper ?

— Pêché. Étudié. Parlé.

— Parlé de quoi ?

Je me raidis.

— Evan a-t-il dit quelque chose… à mon propos ?

— Nan. Pourquoi le ferait-il ?

— Aucune raison. Mais quand nous, les filles, sommes ensembles, nous parlons des mecs.

— Tu parles de moi quand je ne suis pas là ?

— Beaucoup. Et seulement en bien.

Je mêlai mes doigts aux siens alors que nous approchions de notre classe principale.

— Alors, cette entrevue ? s'informa Josh. Comment s'est-elle passée ?

— Pas très bien, confessai-je en revivant le moment où j'avais reçu la porte sur le nez.

— Ça réussira la prochaine fois. J'ai confiance en toi.

En regardant son beau visage, je me demandais s'il éprouverait toujours ce sentiment quand il découvrirait que j'avais été renvoyée de mon ancienne école et qu'on m'avait placée dans la catégorie des êtres bizarres. J'aurais souhaité pouvoir éviter à jamais de lui dire, mais, si je ne le lui révélais pas, Evan le ferait.

Pendant la première période, je me coupai de mon professeur et réfléchis à la façon d'expliquer mon don psychique à Josh. Nous avions déjà eu une discussion sur la magie, et il avait exprimé son scepticisme sans équivoque.

Il croyait que la magie était une illusion créée uniquement pour divertir. Comment pourrais-je le convaincre que les fantômes existent et que mes visions psychiques prédisent l'avenir ?

J'y pensais toujours pendant la pause quand j'entendis quelqu'un m'appeler. Jetant un coup d'œil au fond du couloir, je vis Penny-Love courir vers moi. Elle serrait un téléphone portable d'une main et parcourait ses boucles folles de l'autre.

— Oh, Sabine ! Je viens d'apprendre pourquoi Jacques est absent.

— Pourquoi ? lui demandai-je, immédiatement inquiétée par son visage empourpré et ses yeux rougis.

— Il y a eu un accident, hier soir ! Il était à l'hôpital.

— Un accident ?

Je retins mon souffle.

— Quel genre ?

— Il est tombé au travail et il s'est fracturé un bras.

— C'est horrible !

— Encore pire — c'est son bras droit, il ne pourra donc pas peindre pendant des semaines. Il a glissé parce qu'il avait de l'huile sur ses semelles et qu'il ne s'en est pas rendu compte. Pauvre Jacques.

— De l'huile ?

Je songeai aux flaques d'huile sur le sol, là où nous avions discuté la veille au soir. Était-ce de cette façon qu'il avait eu de l'huile sous ses souliers ? Étais-je en quelque sorte responsable ?

— Il est tombé d'une planche.

— Une planche ? Pourquoi ne pas avoir utilisé une échelle ?

— Pas une planche ordinaire — c'était comme une planche déposée à l'horizontale et surélevée des deux côtés. Il avait un nom pour cela.

Elle marqua une pause, ses sourcils roux froncés sous la concentration.

Mon cœur s'arrêta.

— Quoi ?

— Un chevalet de sciage.

19

PAS UN CHEVAL : UN CHEVALET — UN DAMNÉ chevalet de sciage ! C'était tellement bizarre ! La visite du père décédé de Jill et, à présent, Jacques qui tombait d'un chevalet.

Pendant la sixième période, il me fut impossible de concentrer mon attention sur la révision, et je dus corriger la même virgule mal placée une douzaine de fois. À tout instant, je jetais un œil par-dessus les écrans d'ordinateur sur un grand calendrier mural où était marquée la date de mon destin.

Deux jours à vivre ?

Je mettais tout en œuvre pour ne pas croire la prédiction, comme si ce simple fait allait empêcher qu'elle devienne réalité. Mon monde avait basculé, et je ne maîtrisais plus rien. Ce n'était *pas* ainsi que devait fonctionner mon don. J'avais toujours été celle qui annonçait les prophéties. Je n'étais pas censée les *recevoir*.

Dorénavant, je ne pouvais plus faire comme si la boule de cristal ensorcelée était sans danger ; pas après que deux prédictions s'étaient avérées juste. De dangereux pouvoirs étaient en action, et, si je ne découvrais pas comment les arrêter, je pourrais finir morte.

Si seulement je n'avais pas accepté la boule de cristal ensorcelée. « J'aurais dû la renvoyer dans son grenier », pensai-je en fixant d'un regard flou les feuilles devant moi. Pourquoi Opal ne m'a-t-elle pas prévenue ?

M'aurais-tu écoutée, si je l'avais fait ?

J'entendis sa voix aussi clairement que si elle avait été à mes côtés.

Elle posait une bonne question. Aurais-je suivi son conseil ? Probablement pas. J'étais prompte à donner des conseils, mais ne les acceptais qu'à contrecœur.

« Je suis prête à écouter, maintenant, lui dis-je en pensée. Que devrais-je faire ? »

Affronter ta peur.

— De quelle façon ? lui demandai-je.

Je rougis d'embarras quand je surpris le regard d'étonnement du garçon assis à côté de moi. Oups ! J'avais dû parler tout haut.

Serrant très fort les lèvres, je pris l'article que j'étais en train de corriger et fis semblant de travailler. Du coin de l'œil, je vis le garçon hausser les épaules et se détourner.

La communication avec Opal étant coupée, je me remémorai son conseil dans ma tête. *Affronte ta peur*. Pas « peurs », mais « peur », comme une peur en particulier. Une seule crainte me venait à l'esprit — celle de la boule de cristal ensorcelée.

J'avais vécu quelques expériences avec des fantômes, lesquels étaient habituellement restés sur terre parce qu'ils étaient désorientés et trop effrayés pour continuer leur chemin. J'avais des sentiments ambigus lorsqu'il s'agissait de m'occuper de fantômes, bien que je me sois toujours sentie bien quand j'avais aidé une âme perdue à trouver la paix.

Mais le spectre autour de la boule de cristal était insaisissable — et effrayant. Si je l'affrontais, cela pourrait déchaîner d'autres ennuis. Le fantôme avait déjà démontré d'étranges capacités en déplaçant la boule de mon placard à la cuisine de Nona et en l'échangeant avec la boule de cristal destinée à Manny. Je ne voulais pas me colleter à un fantôme ayant ce genre de pouvoirs.

Mais ne pas agir ne mènerait à rien non plus.

Je devais donc affronter ma peur, comme l'avait dit Opal.

J'espérais ne pas le regretter.

* * *

Après l'école, je déposai mon sac à dos dans ma chambre à coucher, je jetai un œil sur Nona, qui parlait au téléphone dans son bureau, et j'allai dehors. Je me dirigeai vers le hangar derrière la grange. J'aperçus Dominic travaillant au fond du pâturage et j'éprouvai une forte envie de lui demander de venir avec moi. Mais si je lui annonçais ce que j'avais l'intention de faire, il pourrait essayer de m'en empêcher. Je devais le faire seule.

Je serrais la clé que Dominic m'avait remise, sentant le métal froid contre ma peau. J'avais froid, moi aussi. Le ciel s'était couvert, et un vent glacial s'infiltra sous mon manteau. Je fermai les bras autour de moi, me demandant si je ne devais pas rentrer pour enfiler un manteau plus chaud. J'aurais peut-être besoin d'un parapluie aussi, au cas où il commencerait à pleuvoir.

À différer, on ne fait que reculer, déclara une voix fière dans ma tête.

— Opal, je suis si contente que tu sois ici.

Je ne sais rien à propos de cette âme prisonnière de la terre que tu recherches, et je me trouve dans une inhabituelle situation d'incertitude.

— Ce n'est pas précisément rassurant pour moi.

Mon but n'est pas le réconfort. Par ailleurs, tu n'auras pas besoin de parapluie, les précipitations ne commenceront pas avant ce soir.

La cabane à outils était derrière la grange, à moitié cachée par une chênaie. C'était une structure en bois de trois mètres sur trois ; son toit s'affaissait sur un coin et la peinture était délavée par le temps. Je tendis une main tremblante pour soulever le loquet. Je pensai à une douzaine de raisons pour lesquelles je devrais partir et oublier toute l'affaire. Toutefois, je m'étais rendue jusqu'ici et je ne voulais pas abandonner maintenant.

Quand je commençai à entrouvrir la porte, j'entendis un bruissement d'ailes. Je levai les yeux et vis le faucon de Dominic. Dagger plongea très bas vers le sol, criant comme s'il me grondait. Ses ailes effleurèrent mon bras, mais je l'ignorai et ouvris la porte en grand.

Une forte odeur de moisi virevolta autour de moi lorsque je pénétrai dans la cabane. Quelque chose de diaphane vola vers mon visage et je hurlai. Reculant, je vis des morceaux de toile d'araignée accrochés à mes doigts. Je frappai des mains pour les déloger ; j'avalai péniblement et je m'enfonçai plus avant dans l'obscurité.

Je dus cligner des yeux plusieurs fois avant que ma vue s'ajuste pour reconnaître les ombres déformées comme étant des outils de jardinage ; un râteau, un balai et une binette étaient appuyés contre le mur, dans un coin. Il y avait aussi de vieux cageots, une tondeuse à main rouillée et des sacs d'engrais. Ce qui pouvait expliquer l'odeur âcre.

Soudain, un coup de vent s'éleva en mugissant et fit trembler tout le bâtiment, me renversant presque sur son passage.

La porte claqua en se fermant.

Je m'agrippai à une tablette pour me remettre debout, puis essayai d'ouvrir la porte. Je poussai sur le bois rugueux, mais elle ne bougea pas. La panique se referma sur moi comme une camisole de force, et je me sentis piégée. Venir ici était une mauvaise idée. Je voulais partir tout de suite — même si cela signifiait démolir la porte.

Regardant autour avec désespoir, je m'apprêtai à attraper une pelle. Je suspendis cependant mon geste à mi-chemin lorsque je remarquai un reflet argenté provenant d'une grande boîte carrée. Le coffre en métal. Mon regard se focalisa sur le lourd cadenas de métal, et je tirai la clé de ma poche. Elle glissait parfaitement dans la serrure. Il y eut un déclic bruyant, et le cadenas s'ouvrit.

Mes mains devinrent moites, et l'envie de fuir était plus forte que jamais. Je pouvais sentir qu'Opal était à mes côtés, mais pas d'autre présence. Par mesure de sécurité, je passai la main sous mon collet et touchai la petite pochette protectrice offerte par Velvet. Elle était douce, chaude et réconfortante. J'espérais seulement qu'elle possédait vraiment le pouvoir de me protéger du mal.

Quand je soulevai le couvercle du coffre, une lueur dorée surnaturelle éclaira la pièce sombre, comme un rideau qui s'ouvre pour laisser paraître la lune. Je retins mon souffle en baissant les yeux vers ce magnifique globe de cristal. À l'intérieur, de minuscules éclats de verre brillaient intensément aux couleurs éblouissantes de l'arc-en-ciel. Ces couleurs dansaient sur les murs, et j'avais l'impression de bouger avec elles. Mes peurs s'estompèrent, remplacées par une merveilleuse émotion sans pareille — un bonheur réconfortant, joyeux et pur. Sans réfléchir, je tendis la main vers la boule de cristal ensorcelée…

Non ! La voix d'Opal résonna dans ma tête. *N'y touche pas !*

Je vacillai vers l'arrière, clignant des yeux dans ma confusion. La merveilleuse émotion disparut, et les jolis arcs-en-ciel s'éclipsèrent dans le noir. Ne me restait qu'une forte déception.

Sabine, ne baisse pas ta garde. Elle est près et elle surveille.

— Elle ?

Je fouillai l'endroit du regard.

— Je ne vois personne.

PAN ! Le couvercle du coffre en métal se ferma bruyamment.

Le fantôme de la boule de cristal ! Comme un génie libéré de sa lampe, elle était ici avec moi. Pourtant, je ne voyais toujours rien.

— Où est-elle ? hurlai-je en décrivant des cercles autour de moi, attentive au plus petit mouvement.

Ferme les yeux et concentre-toi sur son image.

Je fis comme elle me le demandait, mais je ne vis qu'Opal — ses cheveux noirs relevés et d'épais sourcils au-dessus d'yeux noirs au regard intense. Elle flottait à quelques pieds du sol et semblait surveiller le coffre d'acier. Aucun fantôme aux allures de sorcière.

J'ouvris donc les yeux, puis sursautai. La boule de cristal ensorcelée s'élevait dans les airs. Je savais qu'il devait y avoir un fantôme qui guidait la boule, mais je ne voyais toujours personne, pas même une aura.

Elle te fait obstacle. Mets ton énergie à atteindre un état de méditation.

J'aurais préféré démolir la porte pour l'ouvrir et m'enfuir de la cabane.

À la place, je m'assis sur un cageot et fermai les yeux très forts. Nona m'avait enseigné comment méditer quand j'étais petite, m'expliquant que je devais visualiser un endroit où je me rends pour me sentir en sécurité. Je fis un blocage à mes peurs et chantonnai doucement, ne faisant qu'un avec les battements de mon cœur et me coupant de tout, sauf de mes pensées.

J'imaginai une île paisible avec une jolie rotonde blanche, chacune de ses fenêtres offrant une vue sur la mer dans toutes les directions. J'entendis le doux clapotement des vagues et sentis les fleurs parfumées d'un jardin m'entourant de réconfort. Je n'étais plus dans une cabane empestant le fumier, mais en sûreté dans mon paradis à moi.

Regarder par la fenêtre dans cet endroit parfait était comme voir au travers un fragile dôme de verre. Et pour la première fois, je *la* vis.

Deux silhouettes se faisaient face. Opal et une femme au teint pâle, grande et ressemblant à un oiseau, avec de petits yeux délavés, et une mine renfrognée et amère. Ses cheveux étaient tressés et coiffés en chignon ; un style démodé qui s'harmonisait avec la longue jupe terne qui traînait derrière elle comme un voile sombre. Elle portait une blouse à haut collet et longues manches en tissu brun épais avec de minuscules boutons de perle. Elle était entièrement enveloppée d'énergie maléfique, à l'exception du globe de lumière arc-en-ciel qu'elle serrait dans ses bras pour le protéger. La boule de cristal.

Je voulais connaître son identité, mais, dans mon sanctuaire de paix, je n'étais qu'une spectatrice.

Opal glissa vers la femme, son menton haut exprimant son assurance. *Je suis Opalina Christine Consuela LaCruz, et quel serait votre nom ?*

— Hortense. La femme s'agrippait fortement à la boule de cristal et regardait Opal avec méfiance. Je sais ce que vous voulez, comme tous ceux avant vous.

Je ne veux rien de votre part ; je peux en revanche vous offrir de l'aide pour rejoindre un endroit meilleur. Permettez-moi de vous guider vers...

— Nenni ! Je ne suis pas dupe. Cette boule n'appartient qu'à moi, et personne ne me l'arrachera. Partez, ou il vous arrivera du mal.

Quel mal pouvez-vous faire de votre prison ténébreuse ? Je suis libre de voyager entre les mondes, alors que vous êtes piégée dans un enfer que vous avez vous-même créé. La liberté sera vôtre si vous poursuivez votre route avec moi et trouvez la joie loin de votre exil volontaire.

— Vous cherchez à m'attirer loin de ma boule.

Les possessions terrestres n'ont aucune valeur durable.

— Mensonges ! Je les ai regardés venir et les ai vus examiner ma maison en me criant de sortir, mais je ne me suis pas laissé prendre. Ils étaient les instruments du diable, et ils ont utilisé la magie contre moi, seulement, aucun mal ne pouvait m'atteindre tant que ma boule de cristal m'offrait sa protection.

Vous n'avez besoin d'aucune protection si vous allez vers la lumière. Venez avec moi...

— Vos piteux efforts pour me tromper ne réussiront pas. Je perçois les péchés que vous avez commis lorsque vous viviez sur terre.

Mon passé est une épreuve menant à la sagesse. C'était il y a des centaines d'années terrestres, et cela n'a pas importance. Je ne comprends pas comment vous pouvez même savoir ces choses.

— Je sais cela et bien d'autres choses encore. Partez, avant que je ne vous fasse la démonstration de toute la force de mes pouvoirs.

Laissez votre colère s'apaiser et faites-moi confiance...

— Faire confiance à une femme qui s'est enlevé la vie, laissant ses enfants seuls ? J'aurais donné ma vie pour mon enfant, pourtant, même cela m'a été refusé. Je n'accorderai pas ma confiance à quelqu'un comme vous, dit-elle avec dédain. Disparaissez !

La mer se déchaîna autour de ma maison de verre, puis me ramena à la réalité. Mes yeux s'ouvrirent et je haletai, ayant l'impression de me noyer dans des eaux sombres. Sauf que j'étais de retour dans la cabane et que la boule de cristal ensorcelée était à nouveau dans le coffre.

— Opal ! criai-je. Que s'est-il passé ?

En toute franchise, je ne sais pas.

— Hortense doit être folle. Tu as tenté de lui venir en aide et elle ne voulait même pas écouter. Ces choses qu'elle a dites sur toi étaient épouvantables !

Épouvantables… mais pas fausses.

— Tu ne veux pas dire… tu ne pourrais pas !

Je m'arrêtai là, incapable de terminer.

Opal était mon amie la plus intime, ma compagne depuis que j'étais une petite fille. Elle ne parlait jamais de son passé et, quand je l'avais questionnée, elle m'avait déclaré que la seule chose qui avait de l'importance était de prendre soin de moi. Je n'avais rien à faire de son passé. J'adorais simplement l'avoir avec moi tout le temps, ma meilleure amie pour toujours.

Ce que j'ai fait lors de mon passage sur terre n'a rien à voir avec toi, me dit-elle avec douceur. *Les regrettables détails de ma vie sur terre sont depuis longtemps enterrés.*

— Alors, comment Hortense les a-t-elle découverts ?

C'est une chose que j'ignore, mais je vais faire mon enquête. De toute évidence, je l'ai sous-estimée, et je réalise à présent qu'elle constitue un grand danger. Je ne croyais pas possible de ressentir autre chose que la paix, ici, et pourtant, pour la première fois, je ressens de la peur — pour toi. Très chère Sabine, prends garde à toi jusqu'à mon retour.

Puis elle disparut et je me retrouvai seule — avec la boule de cristal.

20

COMMENT UN AMAS DE VERRE POUVAIT-IL AVOIR l'air si joli et pourtant être si dangereux ? Il était difficile de croire qu'il était lié au mal, et pourtant je n'en doutais pas, et je m'assurai que la boule était solidement enfermée à clé dans le coffre avant de quitter la cabane.

Quand je mis le pied à l'extérieur, les nuages s'étaient envolés, et des rayons de soleil brillaient en formant au sol ce qui ressemblait à une brume dorée. J'entendis un cri et vis Dagger décrire des cercles dans le ciel alors que Dominic se dirigeait vers moi à grands pas.

— Que se passe-t-il ?

Dominic fronça les sourcils en faisant des gestes en direction du bâtiment.

— Étais-tu là-dedans ?

Je hochai la tête en signe d'assentiment, devinant que Dagger m'avait trahie.

— Tu trembles. Est-ce que tu vas bien ?

— Dis-moi ce que tu entends par « bien », lui demandai-je en essayant de blaguer.

Mais il ne rit pas et il me regarda gravement.

— Nous ferions mieux de discuter, dit-il.

— Je ne sais pas… tout cela est très déroutant.

— Pas d'urgence. Je dois vérifier s'il y a des brèches dans la clôture. Marche avec moi.

— Bien… d'accord.

Je ne sais pas vraiment ce qui me poussa à partir avec lui. D'une certaine façon, j'avais l'impression de manquer de loyauté envers Josh. Tout ce que Dominic et moi avions en commun, c'était notre désir d'aider Nona. Et alors, qu'est-ce que ça faisait s'il avait des épaules musclées, des cheveux ondulés d'où émanait l'odeur fraîche des bois et d'étonnants yeux bleus au regard doux ? Il n'embrassait pas mal non plus…

Nous longeâmes la bordure du pâturage, et le silence s'étira plus longuement que les limites de la clôture. Sans l'avoir prévu, je me surpris à raconter à Dominic ma rencontre spectrale dans la cabane. Il ne m'interrompit pas une fois, et je savais qu'il me croyait. C'était bon de partager cette étrange partie de ma vie avec une personne qui comprenait. Si seulement j'avais pu être franche avec Josh…

La conversation dévia sur Nona et sur le livre de remèdes perdu. Dominic avait une autre piste menant à l'un des noms que nous avait donnés Eleanor Baskers. Il avait retrouvé un homme en Arizona qui pouvait s'avérer être un descendant direct d'une des sœurs qui possédaient les breloques.

— Je prolongerai peut-être mon voyage au Nevada pour voir de quoi il retourne pour ce gars. J'ai laissé un message, et je devrais avoir des nouvelles d'ici quelques jours, ajouta-t-il en se penchant pour resserrer un fil de fer barbelé qui s'était relâché sur la clôture.

Quelques jours. Une phrase sans conséquence qui fit tressaillir mon cœur. Serai-je
encore en vie dans quelques jours ?

Je cachai mon malaise et complimentai
Dominic pour avoir trouvé des informations
supplémentaires.

— Ce sera formidable quand nous aurons
les quatre breloques, renchéris-je en arrachant
un long brin d'herbe pour l'enrouler autour de
mon doigt. Merci de travailler là-dessus.

— C'est pour ça que j'ai été engagé.

— Mais tu le fais parce que tu as de l'affection pour Nona.

— Bien sûr, c'est vrai.

Il s'inclina vers moi et me lança un regard
intense qui laissait supposer qu'il n'avait pas
d'affection que pour ma grand-mère. Mon
cœur palpita, et je me dis que mon imagination
s'emportait. Enfin, Dominic ne pouvait pas me
faire du charme, ce serait trop étrange.

— Heu… merci pour tout ce que tu as fait
pour soutenir Nona.

— Je vais rester ici le temps qu'il faut pour
m'assurer qu'elle va bien.

— Et puis quoi ? lui demandai-je.

— Je vais poursuivre ma route.

Il y avait quelque chose de définitif dans
son ton, et cela me dérangea. Il ne m'était

jamais passé par la tête qu'il souhaiterait nous quitter. Il avait pris une place importante dans notre ferme. Le seul fait de le voir dans les alentours à travailler ou avec les animaux semblait naturel ; comme s'il était à sa place.

— Une ferme de cette ampleur nécessite beaucoup de travail, lui dis-je. Nona a besoin de toi, et elle ne voudra pas que tu partes.

— Je ne suis jamais resté longtemps au même endroit.

— Pourquoi ?

— Simplement parce que c'est ainsi.

Il s'appuya contre un poteau de clôture, son regard suivant le vol du faucon dans le ciel, en direction de la forêt.

— Alors, où iras-tu ?

— Là où le travail m'appelle. Je suis des cours pour devenir maréchal-ferrant.

— Devenir quoi ?

— Maréchal-ferrant — quelqu'un qui ferre les chevaux.

— J'espère que tu réussiras.

Je fis un nœud avec le brin d'herbe.

— Je te le souhaite aussi.

Il contempla mon visage avec sérieux.

— Tu n'as pas à t'inquiéter à propos de la boule de cristal ensorcelée. Les animaux surveillent pour moi, et rien de mal ne peut arriver.

Il semblait confiant, mais j'avais mes doutes — à propos d'un tas de choses.

* * *

Mercredi, l'aube se leva sur un ciel lumineux et des vents calmes. « Pas mal, pour ce qui pourrait bien être mon avant-dernière journée à vivre », pensai-je de façon morbide.

Je décidai de garder une attitude positive et de faire de cette journée la meilleure de ma vie.

Je portai mon plus beau jean brodé, un t-shirt rose qu'Amy m'avait offert à Noël et un collier déniché au marché aux puces suspendu à mon cou. Je brossai mes cheveux blonds et les attachai sur un côté de mon visage avec une barrette en forme de demi-lune. Puis je me hâtai de descendre pour surprendre Nona avec un délicieux petit-déjeuner de gaufres aux myrtilles, d'œufs brouillés et de jus d'orange.

Nona fut étonnée et reconnaissante. Elle m'offrit ensuite de laver la vaisselle et me dit de partir pour l'école immédiatement. Je quittai donc la maison plus tôt qu'à l'habitude. Je ne m'attendais pas vraiment à ce que Josh soit déjà à mon casier. Mais je ne m'attendais pas non plus à ce que quelqu'un d'autre y soit — Evan. Il sourit à sa manière suffisante et sournoise, comme un prédateur épiant sa victime.

— Hé, Sabine, dit-il, l'air de rien, comme si nous étions amis.

Je refusai de répondre. Levant ma tête en signe de défi, je tentai de le contourner pour atteindre mon casier. Mais il se mit directement en travers de mon chemin, avec un de ses mouvements de blocage que ses admirateurs au football appréciaient tant.

— As-tu aimé ma carte avec l'article de journal ? me demanda-t-il avec une lueur malicieuse dans les yeux.

— Aimer n'est pas le bon mot.

— Tu devrais me remercier.

— Ouais, c'est sûr, dis-je en le fusillant du regard. Merci d'être un trou du cul.

— Quel langage vulgaire ! Josh serait choqué.

— Tu mérites encore pire. Et laisse Josh en dehors de ça.

— J'ai eu beaucoup d'occasions de révéler ton passé de sorcière à Josh.

— Alors, pourquoi ne l'as-tu pas fait ?

Il haussa les épaules.

— Je n'en avais pas envie.

— Et quand en auras-tu envie ?

— Sais pas. Pourquoi ne me le dis-tu pas ?
— c'est toi, la voyante.

— Bouge de là !

Je l'esquivai, mais en l'espace d'une seconde
il était de nouveau devant moi.

— Je peux te créer des tas d'ennuis.

— Genre, tu ne l'as pas déjà fait ?

— Je n'ai même pas encore commencé. Tu
serais bien avisée de la jouer gentille.

Le fusillant du regard, je répondis à
l'opposé de « gentil ». J'articulai silencieusement
quelques mots choisis que je me rappelais
avoir lus sur les murs des toilettes.

— Est-ce le pire que tu peux faire ? se
moqua-t-il.

— Donne-moi un peu de temps, répliquai-
je en guise de menace.

— Ton temps est écoulé.

Il eut un rire méchant.

— Tu as besoin d'une leçon, alors je viens
juste de décider que, ce soir, j'allais tout dire à
Josh. Tout.

Il s'approcha si près que je pus presque
goûter à son haleine chaude.

— Ensuite, je l'annoncerai dans toute
l'école.

Il éclata de rire et se détourna. Pendant qu'il s'éloignait à grandes enjambées, j'eus une vision parfaitement claire de lui dans une autre vie. Il portait un casque de métal, il était muni d'armes acérées, et il voguait dans un bateau sur des eaux brumeuses à la recherche de villages à piller et d'innocents à torturer. Des centaines d'années écoulées n'avaient pas amélioré sa personnalité. Et moi, pas très chanceuse, j'étais sa dernière victime en date. Sauf que, maintenant, son arme la plus tranchante était sa langue.

Je détestais la façon dont il se jouait de moi. Tout ce temps qu'il avait passé avec Josh, sachant que j'imaginerais le pire. Il espérait que j'allais me tortiller et saigner comme un ver de terre accroché à un hameçon. Il était intelligent, je lui accordais au moins cela. En ne disant rien à Josh, il prolongeait mon agonie. Il avait probablement laissé son bateau dériver à dessein. Je gagerais qu'Evan avait les clés pour démarrer pendant tout ce temps. Il jouait avec moi, mais à présent il était sérieux, et il révélerait tout à Josh ce soir.

À moins que je ne le devance.

21

Pour le repas du midi, Josh voulait s'asseoir avec Evan et quelques autres de ses amis. Je préférais être avec Penny-Love et les pom-pom girls. Nous avons coupé la poire en deux en nous installant à une table entre les deux groupes, suffisamment éloignés d'Evan pour l'empêcher de se joindre à notre conversation, mais trop près pour discuter de sujets intimes. Je surpris le sourire en coin qu'Evan me lança, et je lui retournai un regard de défi.

J'invitai ensuite Josh à venir chez moi après les cours et à rester manger. J'avais toujours tenté de séparer ma vie à l'école de celle à la maison ; c'était donc la première fois que je l'invitais, et il accepta avec enthousiasme.

« Et vlan, Evan ! » pensai-je, victorieuse.

Je téléphonai à Nona pour l'informer du repas. Elle m'appuyait à cent pour cent, et elle proposa même de passer la soirée avec Grady, son partenaire de poker, afin de nous laisser en tête à tête, Josh et moi.

Quand j'entrai dans ma classe de dernière période, Manny se hâta vers moi, fébrile.

— Devine quoi ? me demanda-t-il ; ses yeux sombres brillaient d'excitation. Je l'ai vu.

— Qui ?

Je clignai des yeux.

— K.C. !

— Pas vrai ! Es-tu sérieux ?

Les tresses rastas noires de Manny se balancèrent lorsqu'il hocha la tête.

— Il a dû se glisser dans la classe alors que je ne regardais pas. Quand la cloche a sonné, je me suis levé pour prendre mes affaires, et il était là ! Assis au fond, derrière un de ces costauds de l'équipe de lutte.

— Comment peux-tu être certain qu'il s'agissait de K.C. ?

— Parce qu'il avait l'air si... si ordinaire : taille moyenne, visage sans intérêt, chevelure banale. Je ne peux même pas le décrire. Je n'ai toujours aucun souvenir de l'avoir vu à la kermesse, mais il a semblé me reconnaître. Quand il s'est aperçu que je le regardais, il a déguerpi. Je suis parti sur ses talons, mais il était trop rapide. Je me suis souvenu de son horaire, et j'ai vérifié sa classe suivante avant de venir ici, mais K.C. n'y était pas.

— Pourquoi a-t-il si peur ? m'étonnai-je. Sa tante agissait comme si elle était effrayée, elle aussi.

— J'sais pas, mais je vais le découvrir, déclara Manny avec détermination.

J'avais confiance en lui et je savais qu'il réussirait. J'espérais seulement que ce serait avant demain.

Manny se dirigea vers son bureau, et je m'assis devant mon ordinateur habituel. L'édition hebdomadaire de l'*Écho de Sheridan* venait tout juste de paraître, et déjà j'étais ensevelie sous les articles à réviser pour le numéro de la semaine suivante. Il y avait aussi mon autre travail secret — les prophéties que je fournissais à Manny pour sa chronique. Bien entendu, ce dont j'avais le moins envie en ce moment, c'était de faire des prédictions.

Après avoir corrigé quelques textes, j'ouvris un cahier de notes et commençai à planifier mon menu du soir — et ma conversation avec Josh. Ce qui serait le mieux, ce serait de présenter les choses d'un point de vue scientifique. Je me brancherais au Web et j'imprimerais des tas de faits liés au psychisme ; pas les trucs qu'on mettait en doute, mais les études factuelles. Il y a plusieurs fondations de recherche sur les phénomènes paranormaux, et des pays comme la Russie ont du respect pour les voyants depuis longtemps. Si l'on prend en considération toutes les choses inexpliquées sur cette terre, il est plus logique d'accepter l'existence de l'autre monde. Je pourrais même montrer à Josh des statistiques qui prouvent que les extraterrestres sont réels... sauf que je ne désirais pas braver le destin.

Quand la dernière cloche retentit, je ramassai mes papiers et les enfournai dans mon sac à dos. Je me joignis ensuite aux hordes d'adolescents qui se dirigeaient vers la porte. Josh et moi avions convenu de nous retrouver près de mon casier, et je voulais être la première arrivée.

— Sabine, m'appela Manny en arrivant à côté de moi. As-tu terminé la révision de l'article sur le téléchargement de musique ?

— Pas encore.

Je glissai mon sac à dos sur une épaule pendant que nous poursuivions notre route dans le couloir fourmillant de jeunes.

— Je le ferai demain.

— Ça me va. On se parle…

Il hoqueta avant de pointer.

— C'EST LUI !

Je suivis son regard et aperçus un jeune de taille moyenne aux cheveux bruns, portant un jean et un t-shirt beige. Un type d'apparence tout à fait ordinaire.

— K.C. ! criai-je.

Il se tourna, et son regard complètement terrifié rencontra le mien. Après quoi il pivota et s'enfuit au pas de course.

Manny partit à toute vitesse, et je courus aussi. Nous bousculâmes un groupe de filles portant l'uniforme de l'orchestre, puis nous tournâmes un coin. Je ne cessais pas de penser aux prédictions de Manny et au fait que K.C. était ma dernière chance de prouver que l'une d'elles était erronée. C'était un espoir fou, sans aucun fondement logique. De toute façon, la logique n'avait pas beaucoup à voir avec les fantômes. Si la prophétie pour K.C. ne se réalisait pas, cela signifierait que la boule de cristal ensorcelée n'était pas si puissante.

Nous semblions nous diriger vers le stationnement de l'école, et Manny se propulsa en avant à une vitesse étonnante. J'étais incapable de suivre, mais je réussissais à la garder sous les yeux.

— Il monte dans cette Chevrolet grise ! me cria Manny.

— Il va s'échapper !

— Pas si nous nous dépêchons. Rends-toi à ma voiture !

Tout arriva si vite. Des portières s'ouvrirent à la volée, nous grimpâmes à l'intérieur, attrapâmes les ceintures de sécurité et les bouclâmes bien serré. Le moteur démarra en rugissant, les roues crissèrent et nous quittâmes le stationnement à toute vitesse.

Dans la poursuite, Manny écrasa l'accélérateur au plancher. Je me cognai le coude contre la portière quand la voiture grise vira brusquement à droite. Nous accélérâmes, forçant un feu orange pour rester derrière. L'autre voiture changea de voie et disparut derrière un camion.

— Ôte-toi du chemin !

Manny jura en direction du camion.

Comme si le chauffeur pouvait l'entendre, le véhicule tourna dans le stationnement d'un magasin d'alimentation. Mais aucun signe de la voiture grise.

— Où est-il… commença à demander Manny.

— Là ! Je pointai en direction d'une tache grise qui négociait un virage à gauche. Il essaie de te semer.

— Il y est presque arrivé, en plus. Excellent copilotage, Binnie.

— Merci ! Mais ne m'appelle pas… Hé ! Je crois qu'il se dirige vers l'autoroute.

— J'espère que non, souhaita Manny avec un froncement de sourcil inquiet. Ma voiture tremble, à cent, j'aurais donc du mal à le suivre. En plus, je ne peux pas risquer une nouvelle contravention.

— Une autre contravention ? lui dis-je pour le taquiner.

— Ne pose pas de questions.

Il gémit.

— Regarde ! m'écriai-je soudainement, pivotant pour gesticuler vers la vitre. Il a dépassé la voie d'accès et il fait demi-tour !

— Je suis sur le coup. Accroche-toi !

Manny tourna le volant, et seules nos ceintures de sécurité nous empêchèrent de nous heurter l'un contre l'autre.

— Quel est son problème, à la fin ? me plaignis-je en frottant mon bras endolori. Pourquoi veut-il s'enfuir à tout prix ?

Cependant, Manny était trop occupé à se faufiler dans la circulation pour répondre. La voiture grise se glissait entre les voies, et Manny la suivait de près. Il serra les dents, la sueur perlant sur son front, une lueur de détermination dans le regard. Il vira abruptement à droite pour entrer dans un quartier résidentiel.

— Je connais cet endroit, dis-je. Danielle demeure près d'ici. Je crois que cette rue est une impasse qui mène à un parc.

— Bien. Ce gars conduit comme un fou !

— Il a peur, dis-je, envahie d'une brusque certitude.

Je ne pouvais pas apercevoir K.C., mais, pendant un instant, j'avais senti sa présence et j'avais vu un mélange d'images dans mon esprit : un cimetière, des barreaux de prison, un sac de couchage roulé et la lettre W.

— Nous l'avons ! s'écria Manny, levant un bras en l'air à plusieurs reprises en signe de victoire. Il devra s'arrêter à cause du bus scolaire devant, et il n'y a pas de rues transversales. À moins qu'il puisse voler, il est piégé et n'a aucune façon de s'en sortir.

Je relâchai ma respiration alors que je ne m'étais même pas rendu compte que je la retenais, contente que cette folle poursuite s'achève. Un pâté de maisons plus loin, je vis des feux rouges clignotants sur un gros autobus jaune. Je voyageais à bord de ce genre de véhicule lorsque je demeurais à San Jose — du temps ou maman occupait un emploi de jour. Toutefois, quand les jumelles avaient débuté en tant que mannequins, maman avait quitté son employeur pour gérer leur carrière. Mes sœurs n'avaient jamais eu à voyager dans un bus bondé ; ma mère leur servait de chauffeur.

— Que fait-il, cet idiot ?

Je jetai un œil à Manny, qui avait le regard fixé devant lui, saisi d'incrédulité au point d'en rester bouche bée. Je suivis son regard et sentis ma propre mâchoire tomber. La voiture grise ne ralentissait pas ! Elle fonçait tout droit, sans faire de cas des feux clignotants du bus et filant directement sur la conductrice qui accompagnait trois petits enfants pendant qu'ils traversaient la rue.

La conductrice du bus commença à courir, attrapant les enfants et les poussant vers le trottoir. Au même moment, K.C. avait dû prendre conscience du danger, car ses freins hurlèrent. La voiture dérapa et zigzagua, laissant des marques de caoutchouc sur la chaussée en effectuant des cercles étourdissants.

Tout arriva si vite.

Les enfants et la conductrice étaient en sécurité sur le trottoir, alors que la voiture grise pointait dans la direction opposée. J'aperçus le visage pâli par la peur de K.C. pendant qu'il changeait de vitesse, enfonçait l'accélérateur et filait à toute allure devant nous.

Manny gémit et frappa le volant.

— Merde ! Nous l'avions presque !

— Au moins, personne n'a été blessé, lui fis-je remarquer, observant le bus qui redémarrait, fermait ses portières puis partait en grondant, laissant échapper une odeur âcre de diesel.

— J'ai tout fait rater.

Manny regardait dans son rétroviseur et respectait les limites de vitesse.

— Ce n'est pas ta faute. Nous pouvons encore le rattraper.

— Comment ?

— Tu as trois chances de deviner où il pourrait aller.

— J'en aurai besoin de plus que trois.

Manny me fixa et, tout doucement, il finit par comprendre.

— Ah — l'appartement.

Je hochai la tête.

— Ça vaut la peine d'essayer.

Nous nous dirigeâmes donc vers l'immeuble d'habitation et, lorsque nous engageâmes notre véhicule dans le stationnement, nous balayâmes ce dernier du regard. Il y avait deux voitures grises, mais ni l'une ni l'autre ne semblait être tout à fait la bonne.

— Je crois que la sienne avait un feu arrière brisé, déclarai-je, souhaitant à présent avoir été plus attentive.

— La plaque d'immatriculation commençait par WYW, dit Manny.

Même si nous n'avions pas trouvé l'auto de K.C., nous décidâmes d'aller voir à l'appartement. Cette fois, nous nous présentâmes tous deux à la porte et le cœur me manqua quand sa tante répondit à nos coups. Elle n'était pas contente non plus de me voir et elle dit avec hargne :

— Il n'est toujours pas ici !

— J'aimerais bien qu'elle ne claque pas la porte avec autant de bruit, dis-je alors que nous nous détournions. Mes oreilles bourdonnent. Et maintenant ?

Pour la première fois de ma courte histoire avec Manny, il n'avait pas de réponse. Je n'en avais pas non plus. Nous prîmes donc le chemin du retour, le pas lourd. Nous avions presque atteint l'escalier quand j'entendis des pas de course.

— Attendez ! nous cria une voix enfantine.

Je me retournai et vis une petite fille avec de longs cheveux bruns et des chaussures de sport jaune citron.

— Pourquoi cherchez-vous mon frère ? nous demanda-t-elle, la respiration haletante.

L'excitation empourpra le visage de Manny. Il s'approcha de la fillette et s'agenouilla devant elle.

— Ton frère ? Parles-tu de K.C. ?

Elle acquiesça gravement.

— Zoey, devinai-je en lui souriant amicalement. Je m'appelle Sabine, et lui, c'est Manny.

Elle hocha de nouveau la tête avec un sourire timide.

— Je t'ai entendu dire à tante Felicia que tu vas à l'école avec K.C.

— Il est dans ma classe, l'informa Manny. Mais, quelquefois, il est difficile à trouver. Peux-tu nous dire où il est ?

— Je pourrais, sauf que je ne suis pas censée parler de lui.

— Mais, nous sommes ses amis, affirma Manny en lui lançant un grand sourire chaleureux creusé de fossettes.

— Je ne suis pas censée courir dans les couloirs, mais je le fais quand même.

Elle jeta un regard précautionneux derrière elle, puis elle porta un doigt à ses lèvres, et nous révéla où K.C. travaillait.

22

TANDIS QUE NOUS NOUS ÉLOIGNIONS DU LOGEMENT en voiture, je me sentais victorieuse — jusqu'à ce que je regarde ma montre. À ce moment, je tombai presque raide morte.

— Oh, mon Dieu ! Il est seize heures passées !

— Et alors ? me demanda Manny.

— J'étais censée rencontrer Josh à mon casier.

— Je ne crois pas qu'il y soit encore, dit Manny ironiquement, ralentissant à un feu rouge. Mais je peux t'y amener, si tu veux vérifier.

— À quoi ça servirait ?

Je me couvris le visage des mains et je gémis. Josh devait me détester complètement ! Et il n'accepterait jamais le motif pour lequel je lui avais posé un lapin. Se mettre à la poursuite de la prédiction d'un fantôme n'avait *aucun* sens.

Je devais limiter les dégâts — et vite. Si je pouvais parler à Josh, je lui dirais que j'étais partie avec Manny faire un travail pour le journal. Aucune raison de mentionner des fantômes ou des prophéties. Mais, quand je sortis mon portable de mon sac à dos, je grognai. Je n'étais pas encore habituée à avoir un téléphone, et j'avais oublié de recharger la batterie. Elle était morte — exactement comme je me sentais à l'intérieur.

— Ramène-moi chez moi, dis-je d'un air grave.

— Bien sûr, Sabine.

Lorsque nous nous engageâmes dans la longue allée de garage, j'eus l'espoir fou de découvrir Josh m'attendant ici. Je regardai autour pour trouver sa voiture. Mais il n'y en avait aucune de stationnée à côté de la maison de campagne jaune, même pas celle de Nona. Je me souvins qu'elle était chez Grady, jouant au poker afin que je sois seule avec Josh.

Léthargique, je dis à Manny que je le verrais plus tard.

— Ouais, à 22 h 30. Et, à propos de Josh…

Il se rapprocha pour me tapoter l'épaule.

— Ça va aller.

— Ouais, lui répondis-je sans y croire une seule seconde.

En entrant dans la maison, mes pas résonnèrent sur les carreaux de céramique du hall d'entrée. Je trouvai une note de Nona appuyée contre un panier de fruits posé sur la table. Elle avait écrit : « Le poulet décongèle, et il y a du maïs frais au frigo. Amusez-vous, les tourtereaux. »

Je me déplaçai vers le comptoir et tendis la main pour prendre le téléphone, puis arrêtai mon geste quand je remarquai le clignotant rouge, découvrant qu'il y avait trois messages. J'avais un mauvais pressentiment. Comme si je devais m'en détourner maintenant, avant qu'il ne soit trop tard. Sauf que j'étais incapable d'ignorer la lumière rouge, et j'appuyai sur la touche « écouter ».

Le premier message était d'un très enjoué prêteur hypothécaire qui avait une offre merveilleuse qui allait changer nos vies d'une façon incroyable.

Clic. Effacé.

Le deuxième message était de ma sœur Amy, me demandant de vérifier mes courriels dès que j'arriverais à la maison.

Je m'en occuperais plus tard. Clic. Effacé.

Le dernier appel était de Josh ; son ton était froid.

« Sabine, je t'ai attendu à notre casier, mais tu n'es jamais venue. Zach m'a dit par la suite que tu étais partie en voiture avec Manny. Qu'est-ce qui se passe ? Je croyais que je pouvais te faire confiance. J'imagine que non. Ne rappelle pas. Je m'en vais chez Evan. »

Un clic sonore. Le message prit fin.

Et ce n'était pas la seule chose qui prenait fin.

Mon cœur souffrait à un point tel que j'avais envie de ramper sous mes couvertures et de ne jamais en sortir. J'avais tellement tout gâché avec Josh. Être sa copine m'avait toujours paru tenir du miracle, comme si j'étais vraiment devenue quelqu'un à Sheridan High.

Les autres jeunes respectaient Josh pour ses talents athlétiques et son côté « bien sous tous rapports ». Sans parler du fait qu'il était absolument magnifique.

Alors, pourquoi avais-je tout fait rater ?

Je plaçai le poulet décongelé dans le réfrigérateur et sortis un pot de glace moka et caramel. Je ne pris pas la peine de la mettre dans un bol et la mangeai directement dans l'emballage. Quand mon cerveau commença à geler, je rangeai la glace et me dirigeai vers ma chambre.

Je passai mes CD en revue et ne tins pas compte de ceux des artistes en vogue qui faisaient l'admiration de Penny-Love, pour choisir un disque apaisant de sons d'océan. J'essayai de faire des devoirs. Mon esprit vagabondait, et, lorsque je jetai un œil sur ma commode, je vis une photo de Josh et moi, prise par Penny-Love avec son appareil-photo numérique. Le cadrage était parfait : mes cheveux blonds tombaient en vagues brillantes et dissimulaient la mèche noire qui était la marque des voyants dans ma famille. J'avais l'air aussi heureux et normal que n'importe quelle fille en compagnie du garçon qu'elle aime.

Et j'adorais être la copine de Josh. Était-ce la même chose qu'être amoureuse de lui ? Je me le demandais, tandis que j'ouvrais la porte d'un placard de rangement pour en tirer mon sac de travaux d'aiguille. Les émotions étaient tellement déroutantes — culpabilité, peine, colère, honte. Je ne blâmais même pas Josh d'être furieux. Je le méritais à cent pour cent. Je n'aurais pas dû le laisser en plan pour partir sans crier gare avec Manny. Josh ne me ferait jamais ça. Je n'avais jamais vraiment compris pourquoi il m'avait choisie, de toute façon ; nous étions si différents. Peut-être la rupture était-elle inévitable.

M'appuyant contre mes coussins, je travaillai à ma broderie. L'aiguille, tel un poisson argenté sautillant à travers les vagues de tissu, piquait et repiquait son fil roux. Un renard à la queue touffue prit forme, suivi d'une colline enneigée. Mes doigts bougeaient de leur propre chef, mon regard se déplaçant vers la fenêtre, où le ciel avait l'apparence d'une mer grise et obscure. Même les chênes semblaient frissonner, avec leurs branches grêles exemptes de feuilles. Bien que ma chambre fût chauffée, je me sentais glacée, et je me blottis sous mes couvertures.

J'avais dû m'endormir, car, quand je levai la tête pour regarder par les carreaux, il faisait sombre. Mon ouvrage de broderie et mon fil étaient tombés sur le sol. Je jetai un œil sur mon réveil et fus surprise de constater qu'il était plus de vingt heures. Il n'était pas étonnant que j'aie l'estomac barbouillé ; la glace n'est pas un repas rassasiant.

En bas, Nona était rentrée et se vantait d'avoir battu Grady à plate couture aux cartes en lui soutirant tous ses boutons. Ils utilisaient un pot rempli de boutons en guise d'argent ou de jetons de poker. Quand elle me questionna à propos de mon repas avec Josh, je lui répondis qu'il n'avait pas pu venir, mais j'évitai de plus amples explications en lui disant que j'allais me faire un sandwich. Je me dérobai ensuite à son regard curieux et me rendis à la cuisine.

Je fus soulagée que Nona aille se coucher tôt, me laissant le champ libre pour me glisser discrètement dehors avec Manny. Enfilant un manteau, j'attendis près de la boîte aux lettres, jusqu'à ce que j'aperçoive les phares de sa voiture qui approchait.

— Grimpe, dit-il en ouvrant la portière du passager et en me faisant signe d'entrer.

— D'accord.

Maintenant que j'étais véritablement au cœur de l'action, j'avais des doutes. Entre autres, le fait de poursuivre un type bizarre était peut-être une mauvaise idée. Je préférerais être en sécurité et au chaud dans mon lit. Toutefois, je me doutais que je ne dormirais pas bien de toute façon, et que je finirais par faire des cauchemars.

Rapidement, nous laissâmes Sheridan Valley derrière nous et nous entrâmes sur l'autoroute en direction du nord. K.C. était employé dans un super Wal-Mart. Selon sa sœur, il remplissait les rayonnages.

Entrer dans le magasin bien éclairé donnait l'impression de passer de la nuit au jour. Je fus surprise par le nombre élevé de clients à cette heure tardive. Je m'étais attendue à ce que le magasin soit déserté comme les couloirs de l'école après la fin des cours, au lieu de quoi toutes sortes de gens faisaient des courses, même des mères poussant des bambins dans des chariots.

Après avoir posé quelques questions, nous nous dirigeâmes vers le fond du magasin et passâmes une porte marquée « Employés seulement ».

— Cible en vue, dit Manny à voix basse.

Je reconnus K.C. immédiatement. Il était vêtu d'un uniforme avec le logo de l'entreprise et arborait un porte-nom. Il empilait des boîtes en nous tournant le dos. Manny et moi, nous nous consultâmes en murmurant, et décidâmes que je m'avancerais pendant que Manny le contournerait afin de bloquer la voie à K.C. et l'empêcher de fuir une nouvelle fois.

Alors que Manny se glissait derrière quelques cartons, j'observai K.C. pendant qu'il travaillait, étudiant attentivement son aura. Il se déplaçait la tête basse, ses cheveux bruns tombant sur son visage. Je m'attendais à voir des couleurs neutres, mais il brillait sous de douces et jolies teintes pastel, avec beaucoup plus de force que l'individu moyen.

Avec précaution, je m'avançai et lui dis doucement : « Bonjour, K.C. »

Il pivota, la panique jaillissant sur ses traits, et je vis qu'il était prêt à s'enfuir. Je lui fis donc un sourire réconfortant et lui dis rapidement : « Attends. S'il te plaît, ne pars pas. »

— Que veux-tu ?

Il serrait une boîte.

— Te parler.

— Je n'ai rien à dire. Fiche-moi la paix.

— Je partirai dès que tu auras répondu à une question, l'informai-je avec douceur.

Mais, méfiant, il était aux aguets.

— Quelle question ?

— À propos de la kermesse de l'école. Tu y étais, non ?

— Peut-être que oui, qu'est-ce que ça peut te faire ?

— Tu as rendu visite à Manny le voyant.

Ses yeux se rétrécirent.

— C'est pour ça que j'ai l'impression de te connaître. Je t'ai vue avec Manny le voyant. Pourquoi me poursuivais-tu ?

— Afin que tu puisses parler de la prédiction qu'il t'a faite.

— Vraiment ? me demanda-t-il avec curiosité. C'est tout ce qu'il veut ?

Je hochai la tête gravement.

— Bien… d'accord.

Il relâcha sa prise sur la boîte et la posa par terre.

— Je me suis senti mal de semer Manny. Je le respecte, et tout : sauf que je refuse qu'il écrive sur moi.

— Il ne le fera pas, le rassurai-je.

— Vaut mieux pas. J'aime que les choses restent confidentielles.

Je hochai la tête, ne comprenant que trop bien.

— Je vais m'arrêter pour manger plus tôt qu'à l'habitude, afin que nous puissions parler dans un endroit calme.

Il éleva la voix quand un petit chariot élévateur gronda près de nous.

Ça paraissait étrange de prendre une pause repas dans la soirée. Puisque K.C. semblait plus serein, à présent, je lui avouai que Manny était tout près.

— Il est ici ?

— Ouais. Nous sommes venus ensemble.

— Bien… OK. En revanche, il ferait mieux de ne pas utiliser ses pouvoirs de voyant sur moi.

Pouvoirs ? Je dus me retenir à deux mains pour ne pas rire. Je pensais qu'il faisait peut-être des blagues, jusqu'à ce que je voie l'expression sur son visage. Tout à fait sérieuse.

— Manny ne fera rien de magique.

Je levai la main solennellement.

— Je le promets.

Quelques minutes plus tard, notre petit groupe de trois se dirigeait vers la sortie du fond pour se rendre à la voiture de K.C. afin qu'il récupère son sac repas. Pendant que nous marchions, K.C. jeta un coup d'œil intimidé vers Manny.

— Désolé de t'avoir fui.

— Ça va, mec.

— Je ne manque jamais ta chronique, et ça me renverse, tout ce que tu sais. Mais, qu'attends-tu de moi ? Tes pouvoirs t'apprennent tout ce que tu veux.

— Pas toujours.

Les tresses de Manny se balancèrent quand il pencha la tête.

— Utiliser mes… heu… aptitudes exige beaucoup de concentration, alors je dois conserver mon énergie.

K.C. acquiesça.

— Oh, ça explique tout.

— Ah oui ? lui demanda Manny, surpris.

Nous atteignîmes la porte de sortie, et je jetai un œil à K.C., qui regardait Manny avec de l'admiration mêlée de crainte.

— Bien sûr. Tu t'inquiètes pour les gens qui reçoivent tes prophéties. Mais ne t'en fais pas pour moi, tout s'est bien terminé.

— Heu… parfait.

Manny marqua une pause, une main sur la poignée.

— Que s'est-il passé, précisément ?

— Comme si tu ne le savais pas. Ta prédiction était tellement juste qu'elle s'est déjà réalisée.

— Ah oui ? lui dis-je doucement, la gorge serrée.

— Ouais, il y a des semaines. J'ai la situation bien en main, maintenant, et personne ne l'a su — sauf Manny. Il a mis dans le mille, avec ma prédiction.

J'avais l'impression que les murs se refermaient sur moi, et j'avais besoin d'air. Je me précipitai devant Manny et tirai brusquement la porte pour l'ouvrir, et je me hâtai à l'extérieur. Seule une ampoule de faible intensité au-dessus de la porte illuminait la nuit noire. L'obscurité se rapprochait, les ombres se déplaçant comme des veilleurs silencieux.

L'air glacial me fit frissonner, et je serrai mon manteau étroitement autour de moi.

— Binnie, est-ce que ça va ? me demanda Manny alors que lui et K.C. arrivaient à côté de moi. La porte claqua derrière eux.

Je me penchai légèrement en avant pour reprendre mon souffle.

— J-je vais bien.

— Une crise d'anxiété ? me dit K.C. avec un regard compatissant, en essayant de deviner la cause de mon état. Je sais combien elles peuvent être déplaisantes. Respire et inspire jusqu'à ce que tu te sois calmée.

— Je veux juste connaître ta prédiction, dis-je faiblement.

— Ça peut attendre que tu te sois rétablie.

— Non, dis-je en secouant la tête. Maintenant.

K.C. lança un regard hésitant à Manny.

— Ne lui as-tu pas donné les détails ?

— Pas encore.

Manny secoua la tête.

— Mes séances sont toutes confidentielles. Je voulais en discuter avec toi d'abord, car je respecte la vie privée de mes clients.

K.C. hocha la tête, comme si c'était logique. Et je réalisai que Manny avait en effet des pouvoirs extraordinaires. Il était sorcier en baratin.

Nous nous tenions sur la plateforme de ciment et j'avais la main serrée autour d'une rampe de métal froid, quand K.C. commença à parler.

— Je lis toujours la chronique de Manny, mais, avant la kermesse, je n'avais pas idée à quel point ses pouvoirs étaient puissants, expliqua-t-il. Sa boule de cristal brillait par véritable magie. Il est entré en transe et il m'a annoncé : « Tu souffriras d'isolement quand tu perdras ton foyer. » C'était — ouah ! Il savait tout à propos de notre expulsion consécutive au départ de maman.

En repensant à ma conversation avec sa tante, je traduisis mentalement « départ » par « arrestation et emprisonnement ».

— C'est dur, dit Manny. Alors, tu as dû emménager avec ta tante ?

— Comment sais-tu cela ? Bien sûr — ton espèce de pouvoir.

K.C. se frappa le front de la paume de sa main, puis ajouta avec respect :

— Tu sais vraiment tout.

— Mais tu avais déjà perdu ton foyer avant la prédiction, lui fis-je remarquer. Manny a dit que tu *perdrais* ton foyer, pas que tu *l'avais perdu*. Techniquement, la prédiction ne s'est pas réalisée.

— Manny était assez près de la vérité.

Je ne discutai pas, bien que j'eus l'impression qu'un énorme poids m'était enlevé. Le fantôme de la boule de cristal n'avait pas été exact à cent pour cent. Si elle avait été seulement « près » cette fois, elle pouvait se tromper à propos de ma prophétie.

Nous poursuivîmes notre marche dans le stationnement. Découvrir de bonnes nouvelles me donnait espoir pour d'autres bonnes nouvelles. Demain, je verrais Josh à l'école et je trouverais enfin le courage de lui parler de mon passé. Ce ne serait pas facile, mais je lui ferais comprendre qu'un don psychique n'était pas très différent d'un don héréditaire pour la musique ou les arts. Même s'il ne croyait jamais aux fantômes, au moins il saurait que j'étais vraiment désolée de l'avoir laissé en plan.

Je m'imaginais entourée d'amis qui applaudissaient pendant que Josh et moi partagions un baiser romantique de réconciliation, quand un cri perçant ramena brutalement mon cerveau au stationnement.

— Elle a disparu !

La main de K.C. vola vers son visage.

— Qu'est-ce qui a disparu ? lui demandâmes-nous, Manny et moi.

— Ma voiture !

K.C. pointa vers un espace vide entre deux camions.

— Elle était juste là !

— En es-tu certain ? lui demanda Manny, tournant la tête pour observer les alentours.

— Absolument ! J'étais nerveux parce que vous m'aviez poursuivi, alors j'ai stationné hors de vue entre ces deux camions. Habituellement, je me gare plus près… Oh, mon Dieu ! Ce n'est pas vrai. Pas ma voiture !

— Hé, calme-toi. Tu la récupéreras, lui assura Manny en lui tapotant l'épaule. Déclare le vol tout de suite afin que les policiers commencent à chercher.

— Les policiers ?

K.C. secoua la tête.

— Non ! Pas eux ! Ils me forceront à retourner…

Il s'arrêta brusquement.

— Où ? le questionna Manny.

— Chez ma tante. Et j'aimerais mieux mourir. Je la déteste profondément !

Ses yeux foncés flamboyaient.

— Personne ne peut me renvoyer là-bas. Vous ne savez pas comment elle est !

— J'en ai une bonne idée, affirmai-je, l'air grave. Mais je suis confuse, là. Elle m'a dit que tu demeurais avec elle.

— C'est ce qu'elle veut que tout le monde croie. Elle pérore sans fin sur sa générosité d'avoir accueilli deux enfants, mais elle ne le fait que pour la pension qu'elle reçoit. On ne peut pas dire qu'elle s'en serve pour nous. On se disputait beaucoup, et un jour j'en ai eu assez et je me suis cassé.

— Où vis-tu, à présent ? lui demandai-je.

— Nulle part. Ma voiture n'était pas qu'une voiture…

La voix lui manqua. Tristement, il pointa l'espace de stationnement vide.

— Ma voiture était mon foyer. Et elle a
disparu.

23

JEUDI

K.C. avait perdu son foyer — exactement comme l'avait prédit Manny.

Manny offrit un peu d'argent à K.C., mais celui-ci refusa. Pour un garçon qui n'avait presque rien, il ne manquait pas de fierté. Il déclara qu'il se débrouillerait et qu'il prendrait soin de sa sœur aussi. Il s'avérait qu'il lui passait secrètement de l'argent pour des vêtements et des fournitures scolaires.

— Si tu veux m'aider, dit K.C. à Manny, utilise tes pouvoirs pour retrouver ma voiture.

Manny hésita, puis répondit dignement :

— Je vais faire de mon mieux.

— Merci.

K.C. n'eut rien d'ordinaire quand il leva le menton, redressa les épaules et déclara qu'il ferait mieux de retourner travailler.

En route vers ma maison, Manny ne dit pas grand-chose, et semblait se concentrer sur la conduite. Je croyais qu'il s'inquiétait à propos de K.C., mais j'avais tort.

— Ça fait trois, déclara-t-il du ton le plus sérieux que je lui aie jamais entendu.

— Trois ?

— Prédictions. Je pouvais ne pas tenir compte d'une, ou même de deux, mais trois vont au-delà de la coïncidence.

— Ça ne veut rien dire.

Je parlais avec assurance, mais, pour être franche, je commençais à avoir peur. C'était étrange, la façon dont les prédictions se concrétisaient seulement *après* que je m'étais impliquée. Ma présence avait fait en sorte que Jill avait pu voir un fantôme, Jacques avait

marché dans l'huile alors qu'il discutait avec
moi, et K.C. avait garé sa voiture dans un coin
caché après que Manny et moi l'avions poursuivi. Le dénominateur commun était *moi* à
tous les coups.

Manny stoppa devant un panneau d'arrêt,
une expression inhabituelle animant ses traits.
Il respira profondément en se tournant vers
moi.

— Des mesures extrêmes sont requises.

Je levai un sourcil.

— Extrêmes à quel point ?

— Binnie, puis-je dormir avec toi ce soir ?

— Quoi !

Je n'aurais pas été plus fortement ébranlée
s'il m'avait annoncé qu'il allait se raser la tête,
laisser tomber les filles et partir vivre au Tibet.

— Écoute-moi jusqu'au bout. Tu as besoin
de quelqu'un pour t'aider à passer la journée
de demain. Tu n'as rien à craindre ; ce n'est pas
comme si j'en voulais à ton corps.

— Ça alors, merci ! lui répondis-je avec
sarcasme.

— Ce n'est pas sorti comme il faut. Manny
se frappa le front. Je veux dire, tu as un corps
sexy, mais je pense à toi comme à une amie et
non comme à une fille. OK, ce n'est pas mieux
non plus.

Je ne savais pas si je devais le battre ou rire.

Âme courageuse, il fit une nouvelle tentative.

— Ce que je te propose, c'est d'être ton garde du corps.

— Je peux protéger mon corps moi-même, merci beaucoup, lui répondis-je avec fermeté. Il ne se passera rien.

— Tu ne peux pas faire fi du pouvoir de mes prédictions.

— Ce ne sont pas *tes* prédictions. Elles sont l'œuvre d'un fantôme pitoyable nommé Hortense. De toute façon, je n'ai aucunement l'intention de mourir demain.

— Consulte ta montre. On est déjà demain.

Je baissai les yeux vers mon poignet et frissonnai. Minuit sept.

Je balayai le tout du revers de la main. Je ne changerai pas ma vie à cause d'un fantôme perturbé. Hortense ne pouvait pas me faire de mal. Son seul pouvoir était de susciter la peur, tout comme Evan. Ni l'un ni l'autre ne pouvait gagner si je refusais d'être effrayée.

— Ces prédictions sont sans danger, dis-je à Manny.

— Je ne suis pas prêt à courir ce risque.

Ces mains se resserrèrent sur le volant pendant qu'il accélérait.

— Je dormirai sur le sol s'il le faut, mais je vais m'assurer que tu es en sécurité pendant les vingt-quatre prochaines heures.

Au moment où nous atteignîmes ma maison, nous en étions arrivés à un compromis. Manny pouvait rester pour la nuit, mais pas dans ma chambre. Je partis chercher des couvertures et un oreiller afin qu'il soit installé confortablement sur le divan.

Je m'attendais à un sommeil agité, mais j'étais si exténuée que je m'endormis immédiatement. Je m'éveillai seulement une fois, après avoir rêvé que j'assistais à une course automobile, pour me rendre compte que le moteur que j'entendais était en réalité le ronronnement de ma chatte Lilybelle. Elle se blottit contre moi, et je me rendormis au son des grondements de son ronron.

Quand je sortis de mon sommeil, je fus étonnée de découvrir qu'il était neuf heures passées. Je n'arrivais pas à croire que j'avais dormi si tard un jour d'école. Pourquoi Nona ne m'avait-elle pas réveillée ?

Sautant d'un bond sur mes pieds, je me hâtai de chercher dans ma chambre des chaussures, un jean propre et un t-shirt. Je tordis mes cheveux en queue de cheval, me limitant à quelques coups de peigne, et laissai tomber la séance de maquillage. Puis j'attrapai mon sac à dos, courus en bas, et découvris Manny et Thorn assis à la table.

Je les fixai avec étonnement.

— Où est ma grand-mère ?

— Partie faire des courses, répondit Manny avec désinvolture, comme s'il n'y avait rien d'inhabituel et que je m'éveillais chaque jour en découvrant ces deux-là prenant leur petit-déjeuner chez moi.

— Manny est un cuisinier hors pair, déclara Thorn après avoir avalé sa bouchée. Ce sont les meilleures crêpes que j'aie mangées depuis une éternité.

— Merci. C'est grâce à la vanille et aux myrtilles.

— Excellente combinaison. Miam !

— En voudrais-tu encore ? s'enquit Manny en lui présentant une assiette de crêpes fumantes.

Quand elle secoua la tête, Manny se tourna vers moi.

— Et toi, Binnie ?

Je marchai d'un pas lourd vers la table.

— Pourquoi n'êtes-vous pas à l'école ? Que se passe-t-il, ici ?

— Petit-déjeuner, répondit Thorn, tendant la main vers un verre de jus d'orange.

Elle portait une perruque rose et noir plutôt longue, du rouge à lèvres noir et un collier de chien en cuir rose avec des pointes argentées.

— Es-tu toujours aussi grognonne, le matin ?

— Je ne suis pas grognonne. Mais je sens la conspiration.

— Pas une conspiration. Ceci est une intervention.

Manny me fit asseoir doucement sur une chaise devant la table.

— Binnie, tu es aux arrêts à la maison.

— Laisse tomber.

J'essayai de me lever, mais il était plus fort.

— Bouge. Je vais à l'école.

— Non, déclara Manny avec fermeté. Tu restes ici, aujourd'hui.

— Ta grand-mère est d'accord pour dire qu'il s'agit d'une bonne idée, ajouta Thorn.

— Nona marche dans cette combine ? leur demandai-je avec indignation.

— À deux cents pour cent, répondit Thorn en levant deux doigts aux ongles violets. Elle achète des collations et loue des vidéos afin que tu sois bien. Elle a déjà téléphoné à l'école pour dire que tu étais malade. Et j'ai aussi parlé à Dominic.

Je gémis.

— Tu n'as pas fait cela !

Elle hocha la tête, fière d'elle.

— Il garde un œil sur ce qui se passe dehors.

C'était une conspiration ! Je me souvins de ma chatte dans ma chambre hier soir, et aussi d'avoir entrevu des ailes derrière ma fenêtre. Son détachement d'animaux m'espionnait.

Je tentai de me mettre debout, mais Manny maintenait une poigne ferme sur mes épaules.

— Lâche-moi. Je ne peux pas m'absenter de l'école.

— Je savais qu'elle ferait des difficultés, déclara Thorn en essuyant du sirop sur son menton.

— J'ai toutes les raisons d'en faire. Vous ne pouvez pas me garder ici comme une prisonnière.

— Regarde-nous faire, dit Manny d'un ton sinistre.

— Je pars maintenant !

— Nous verrons bien.

Manny fouilla dans sa poche et plongea en avant. Il m'attrapa le bras, et il y eut un éclair argenté. J'entendis le son du métal qui cliquette tandis qu'il me tirait le bras derrière le dos. Puis, avant que je ne me rende compte de ce qui m'arrivait, il me menotta le poignet. Il attacha l'autre bracelet à la chaise.

— Enlève ça ! hurlai-je, donnant des coups avec mon bras et ne réussissant à bouger la chaise que de quelques centimètres.

La peau autour de mon poignet brûlait, comme je le faisais aussi, de rage.

— Ce n'est pas drôle ! Libère-moi tout de suite !

Manny serra les lèvres avec entêtement et recula hors de ma portée.

— Binnie, tu ne vas nulle part jusqu'à ce que cette journée soit derrière nous.

Thorn se tenait à côté de lui avec les bras croisés sur sa poitrine.

— Nous sommes tes gardiens, que tu le veuilles ou non.

Je n'aimais pas cela. Pas le moins du monde. Particulièrement parce que j'avais désespérément besoin d'aller à l'école afin de voir Josh. Je devais lui parler aujourd'hui ; demain serait trop tard. Evan s'en assurerait. Ce sujet était trop intime pour en discuter avec Manny ou Thorn, alors je leur servis toutes les autres raisons auxquelles je pouvais penser pour les convaincre d'abandonner leur plan.

Mais ils restèrent sur leur position. J'étais tellement en colère que je pouvais à peine

réfléchir. Une partie de moi était aussi reconnaissante qu'ils m'aiment assez pour supporter
que je sois malheureuse. Ils étaient insuppor-
tables — et merveilleux. Je les détestais et je les
adorais.

En fin de compte, je déclarai forfait. Ils me
firent jurer sur la vie de ma grand-mère que je
ne tenterais pas de me tirer en douce pour aller
à l'école. Je ne trahirais jamais pareil serment
— et ils le savaient. J'avais perdu… plus qu'ils
ne l'imaginaient.

Je n'avais plus aucune combativité quand
Manny retira les menottes.

— C'est mieux comme ça.

Il me tendit une feuille imprimée.

— Maintenant, passons aux affaires. Voici
ton horaire.

— Mon quoi ? lui demandai-je.

— Horaire, répondit Manny.

Prenant le papier, je le fixai avec désarroi.
Ma vie était divisée en heures et en garde du
corps.

0 h à 8 h : Manny
8 h à 10 h : Manny/Thorn
10 h à 12 h : Thorn/Nona
12 h à 15 h : Nona
15 h à 19 h : Thorn
19 h à 24 h : Manny/Nona

Il y avait aussi une liste de règlements. Mes gardiens m'interdisaient de faire quoi que ce soit sans eux : pas d'objets tranchants ; se tenir loin de la machinerie et des eaux profondes ; ne rien manger avant qu'ils ne l'aient goûté ; ne pas lever d'objets lourds.

C'était pire que d'être en prison.

Mais une promesse solennelle ne pouvait être brisée, alors je me rendis à mes amis. Après avoir lavé et rangé la vaisselle du petit-déjeuner, nous traînâmes dans le salon. Manny raconta les événements de la veille à Thorn, donnant l'impression que la poursuite en voiture sortait tout droit d'un film d'action et que K.C. était un héros tragique. Puis le quart de Manny prit fin, et il partit pour l'école pour rattraper le retard dans ses tâches au journal.

— C'est injuste ! me plaignis-je. Manny peut aller à l'école, et moi, je suis prisonnière ici.

Thorn éclata de rire.

— Je n'ai jamais vu une personne en colère parce qu'elle devait manquer ses cours.

— À l'école, personne ne me menotte, dis-je d'un ton accusateur, frottant mon poignet meurtri.

Avant de partir, Manny m'offrit de me rapporter mes devoirs et me demanda si je

souhaitais qu'il transmette un message à quelqu'un.

Après un long moment de silence, je secouai
la tête.

Thorn et moi passâmes en revue des DVD,
discutant sur le film à regarder. Avec tous ces
événements, je n'étais pas d'humeur pour un
suspense ou une romance. Nous choisîmes
finalement un film d'aventures, qui détourna
mon attention de Josh. Quand il se termina et
que je jetai un œil à l'horloge, je m'interrogeai
sur ce qui retardait Nona.

— Es-tu certaine qu'elle ne soit allée qu'au
supermarché ? m'enquis-je auprès de Thorn.

— Ouais. Elle a dit qu'elle ne serait pas
absente longtemps.

— Elle a dû s'arrêter autre part.

Je fronçai les sourcils, essayant d'imaginer
ce qui avait pu la retenir plus de trois heures.

— Je vais lui téléphoner. J'espère qu'elle a
pensé à prendre son portable.

Elle y avait pensé, mais il y avait de l'écho
sur la ligne et la voix de Nona semblait bizarre.

— Sabine, où es-tu ? me demanda-t-elle ;
ses mots résonnèrent au téléphone.

— À la maison.

— Pourquoi n'es-tu pas en classe ?

— Nona, tu as téléphoné à l'école pour dire que j'étais malade.

Elle hésita, puis elle déclara d'un ton presque accusateur : « Tu ne me donnes pas l'impression d'être malade. »

— Je ne le suis pas… Ne te souviens-tu pas ?

— Me souvenir de quoi ? Son ton monta sous la frayeur. Tout est déroutant.

— Où es-tu, précisément ?

— J-je ne sais pas.

La voix lui manqua.

— Je suis assise dans ma voiture dans une rue que je n'ai jamais vue avant… Je ne sais pas du tout comment j'ai pu arriver ici. Sabine, je suis perdue.

24

MES PIRES CRAINTES POUR MA GRAND-MÈRE DEVE-
naient réalité — malgré le fait qu'elle avait
paru beaucoup mieux, dernièrement. J'avais
commencé à croire qu'elle pouvait vaincre
sa maladie, même sans le remède. Plus elle
parlait, plus elle semblait désorientée. Elle était
incapable de me dire où elle était, et je ne

reconnaissais par les rues adjacentes ni les commerces.

Finalement, Thorn se chargea de tout. Elle prit la communication et questionna Nona. Pendant qu'elle écoutait, ses yeux se voilèrent, et je savais qu'elle se mettait au diapason avec son don pour trouver les choses. Son énergie tourbillonnait, élargissant sa portée comme un radar afin d'atteindre Nona. Après quelques minutes, elle dit à ma grand-mère qu'elle arrivait. Thorn semblait sûre de ramener ma grand-mère à la maison.

Mais je ne partageai nullement sa confiance quand je découvris que Thorn avait demandé à Dominic de me surveiller au cours de son absence. Lorsqu'il se joignit à moi dans le salon, bizarrement, j'avais l'impression d'avoir perdu ma langue. Je m'assis sur le sofa, mes jambes repliées sous moi.

Il se tenait debout devant moi, sans faire aucun geste pour s'asseoir.

— Alors, comment t'en sors-tu ? me demanda-t-il en enfonçant ses mains dans ses poches.

— Ça va.

Je réussis à paraître décontractée.

— Bien.

Il se contentait de rester là, comme s'il attendait que je dise autre chose. Même avec le téléviseur en marche, la pièce semblait anormalement silencieuse.

— Tout ça est tellement inutile, déclarai-je enfin en décrivant un cercle avec mon bras dans un geste de frustration. La boule de cristal ensorcelée est sous clé et ne peut plus causer d'ennuis. Je n'ai pas besoin d'une nounou.

— Mieux vaut prévenir que mourir.

— Il ne m'arrivera rien. Manny et Thorn ont eu une réaction disproportionnée. Je devrais être à l'école, en ce moment, et tu as probablement des corvées à terminer.

Il secoua la tête.

— C'est déjà fait.

— Et tes cours de maréchal-ferrant ?

— Pas avant demain.

— Tu dois avoir mieux à faire que de traîner ici.

— Nan.

— Eh bien, moi, oui ! C'est une vraie pagaille.

— Ça ira mieux demain.

— Pour moi, peut-être — mais pas pour Nona. Je n'arrive pas encore à croire qu'elle s'est perdue. Des petits enfants se perdent : pas des femmes d'âge mûr.

Le bourdonnement du téléviseur me portait sur les nerfs ; je pris donc la télécommande et je l'éteignis.

— Son état empire, et nous ne sommes pas plus près de découvrir le livre de remèdes.

— Pas du tout.

Il s'assit à l'autre extrémité du sofa.

— J'ai eu une réponse du gars de l'Arizona. Son nom et ses renseignements concordent, et il prétend avoir en sa possession de vieux bijoux de famille.

— Y compris des breloques en argent ? lui demandai-je avec espoir.

— Il croit que oui, mais ils sont entreposés, et il ne peut pas vérifier avant la fin de sa journée de travail, demain. Il me rappellera à ce moment, ce qui signifie que nous aurons peut-être le livre de remèdes bientôt.

— Ce serait tellement formidable !

Je m'avançai pour le serrer dans mes bras — jusqu'à ce que je reprenne mes sens et que je recule brusquement les bras.

— Est-ce que je te mets mal à l'aise ?

Il me décocha un sourire malicieux et se rapprocha rapidement de moi — beaucoup trop près.

— Bien sûr que non. Qu'est-ce qui te ferait dire cela, de toute façon ?

— Parce que tu griffes le coussin.

Je n'avais pas réalisé que j'en avais un entre les mains. Quand je baissai les yeux et vis le tissu déchiré sous mes ongles, je lançai le coussin sur le sol.

— Je vais bien.

— Pas de doute.

Il me regardait fixement. Plutôt que de m'enfuir, ce qui aurait été la chose la plus intelligente à faire, je rencontrai son regard, et l'air fut chargé d'émotions intenses et irrésistibles qui faillirent me couper le souffle. Une douce chaleur m'envahit et je me sentis la tête légère. Je pensai à Josh, qui me détestait probablement, à l'heure actuelle. Je n'étais pas certaine des sentiments de Dominic à mon égard — sauf que j'étais convaincue que ce n'était pas de la haine.

Il se pencha plus près…

— J-je ferais mieux de regarder la télévision, dis-je, saisie par la panique.

Je me levai du sofa d'un bond, trébuchant dans le coussin que j'avais lancé sur le tapis. Je rétablis mon équilibre, puis je m'assis loin de Dominic sur le récamier, pointant la télécommande vers l'écran. Clic, clic… Je faisais défiler les canaux comme une folle, poursuivant rapidement quand je tombais sur quelque chose de romantique. Finalement, j'arrêtai mon choix sur un documentaire à propos des cafards.

Il s'avéra que je n'aurais pas pu choisir une meilleure émission pour Dominic. Qui aurait cru qu'il trouverait les blattes si intéressantes ? Ou, peut-être, la quelconque chimie qui s'était installée intensément entre nous le mettait aussi mal à l'aise que moi, et il était soulagé de changer d'ambiance.

Le documentaire était presque terminé quand Thorn revint avec ma grand-mère. Nona ne dit pas un mot à propos du fait qu'elle s'était perdue, et elle se dirigea directement vers la cuisine pour mettre une bouilloire sur le feu.

Thorn était en retard et elle devait partir. Dominic s'excusa aussi avec tact, et il n'y eut plus que Nona et moi.

— Puis-je t'être utile ? demandai-je à ma grand-mère en m'asseyant à côté d'elle à la table de la cuisine, où elle fourrageait dans une boîte de sachets de tisane assortis.

— Ne me dorlote pas. Elle leva un menton rebelle. Je suis capable de me faire ma tisane moi-même.

— Bien sûr que tu l'es. Puis-je en avoir une tasse aussi ?

— Fruits sauvages, menthe ou cannelle ?

— Menthe. Merci, Nona, ajoutai-je en tendant le bras pour le passer autour de ses frêles épaules.

Elle dégageait pour moi une impression de chaleur et de réconfort, et j'avais tellement besoin d'elle. Elle avait toujours été celle qui m'avait protégée des ombres et des fantômes que je voyais la nuit. Je ne pouvais pas supporter de la perdre.

La bouilloire siffla et, pendant quelques minutes, le seul son perceptible fut celui des cuillères que nous tournions dans nos tasses. Des arômes d'épices et de menthe embaumaient la cuisine, et je me sentais plus calme.

— Désolée de t'avoir effrayée, me dit Nona. Mais je vais bien, à présent, ne te fais donc pas de souci pour moi. Je suis plus inquiète à ton sujet.

— Ne le sois pas.

— Dès que tu as rapporté la boule de cristal ensorcelée à la maison, j'ai senti qu'elle attirerait les ennuis. J'aurais dû exiger que tu t'en débarrasses immédiatement.

— Dominic l'a enfermée à clé ; elle ne peut donc plus nous causer de problèmes.

Je n'ajoutai rien à propos de ma rencontre avec Hortense. Cela ne ferait qu'augmenter les craintes de Nona.

— Les prédictions venant d'un esprit maléfique ne doivent jamais être prises à la légère. Tes amis m'ont mise au courant des trois autres prédictions.

— Tout ça n'était qu'un coup de chance.

Pour changer de sujet, je lui annonçai le résultat des recherches entreprises par Dominic pour trouver le livre de remèdes.

— Il a peut-être repéré une autre breloque. Il se peut donc que nous ayons le remède bientôt.

— Ce serait un soulagement.

— Tu seras alors guérie.

— Je l'espère. Mais, en ce moment, c'est toi qui me causes davantage de soucis.

Elle m'embrassa sur la joue.

— Selon l'horaire de Manny, c'est mon quart de surveillance.

Je levai les yeux au ciel en entendant le mot « horaire ». Cependant, Nona suggéra d'utiliser notre temps pour confectionner des biscuits aux éclats de caramel ; qui étais-je pour m'y opposer ?

Être aux arrêts dans la maison n'avait jamais eu un goût aussi délicieux. Nona ne cessait de me taper la main pour m'éloigner du mélange, mais je lui dis que c'était la meilleure partie. Nous riions tout en découpant des formés dans la pâte et respirions l'odeur alléchante des biscuits qui cuisaient. J'étais contente de me couper de mes inquiétudes pour simplement avoir du plaisir.

Autour de quatorze heures, je reçus un appel de Thorn, qui présentait ses excuses parce qu'elle était en retard.

— Demande à Nona et à Dominic de me remplacer jusqu'à ce que j'arrive, exigea-t-elle d'une voix pressée.

— Pourquoi ? Que se passe-t-il ?

— Après que tu m'as raconté pour K.C., je n'arrêtais pas de penser à lui. Je suis déjà allée dans des refuges pour sans-abri avec ma mère, et c'est toujours déchirant. Alors, j'ai parlé à K.C., et je lui ai dit que je l'aiderais à retrouver sa voiture.

— Si quelqu'un le peut, c'est bien toi.

— On ne perd rien à tenter le coup. En revanche, je ne lui ai pas révélé comment je la rechercherais — c'est une chose que je ne veux pas qu'on sache. D'ailleurs, je ne peux pas garantir que ça fonctionnera.

Je lui souhaitai bonne chance, puis je raccrochai.

J'aurais probablement dû avertir Nona que Thorn était en retard, mais je ne le fis pas. Ma grand-mère était occupée dans son bureau et je ne voyais pas l'utilité de la déranger. De plus, la journée était déjà à moitié passée, et il n'était rien arrivé. Cela confirmait ma théorie selon laquelle, puisque la boule de cristal ensorcelée était sous clé, j'étais en sécurité.

Me retrouvant avec du temps en solitaire devant moi, je ne savais pas trop quoi faire. Les émissions de télévision étaient sans intérêt, et je ne réussissais pas à me concentrer sur des jeux d'ordinateur. Ayant décidé de commencer un nouveau projet, je me rendis à ma chambre d'un pas nonchalant et sortis mon sac de travaux d'aiguille. Faisant le tri de mes fournitures, je choisis une pelote de laine de différentes nuances rouge orangé, parfaite pour tricoter une écharpe à Nona. Elle aimait les cadeaux faits main, à l'inverse de maman. Après avoir trouvé une paire de pantoufles que je lui avais crochetée dans la boîte des bonnes œuvres, je ne lui avais plus jamais fait quoi que ce soit.

Maman était comme une épine dans mon pied que je n'arrivais pas à extirper. Assise sur mon lit, je regardais fixement par la fenêtre en me demandant comment je pouvais aimer ma mère, alors qu'elle me rendait folle. Les sentiments sont compliqués, j'imagine. Comme ce qu'éprouvait Jill pour son père. Elle souffrait toujours à cause de lui, même s'il était mort. Je pense qu'elle voulait le haïr — et il le méritait amplement —, mais elle l'aimait aussi. Mes sœurs étaient aux prises avec des questions d'amour-haine aussi. Le lien de gémellité qui les unissait semblait à présent les déchirer. L'amour et la haine sont des opposés, tout en étant pareils.

Comment pouvais-je connaître mes propres sentiments ? Dominic continuait de me déstabiliser, me faisant passer d'une humeur sombre à l'insouciance. Il m'intriguait, et pourtant il me causait de la frustration également. Je ne pouvais pas tout à fait le qualifier d'ami, alors quel était notre type de lien ? Et Josh ? Avions-nous encore une relation ?

Si seulement j'étais allée à l'école ce matin. Voilà que j'étais prête à être franche avec lui, et j'avais perdu cette occasion à cause de cette stupide prédiction. Cette damnée boule de cristal ensorcelée ! Nona avait raison à propos du fait qu'elle était source d'ennuis. C'est tout ce qu'elle avait fait depuis que je l'avais ramenée à la maison. Je voulais aller dans la cabane dès maintenant et la faire voler en éclats, la détruire complètement afin qu'elle ne puisse plus jamais faire de mal à quiconque. Mais était-ce même possible ? Hortense chercherait-elle à se venger de moi ?

Mes pensées tournaient en rond, comme un chat après sa queue. Je désirais seulement m'évader de tout cela. Je déroulai un peu de laine rouge orangé et tendis la main vers mes aiguilles à tricoter. Je tricotais mon troisième rang quand le téléphone sonna.

Laissant tomber laine et aiguilles, je l'attrapai rapidement afin de ne pas déranger Nona.

— Sabine, l'as-tu vu ?

C'était ma mère, et elle semblait paniquée.

— Qui ?

— Amy. Elle…

Maman s'interrompit dans un sanglot.

— Elle a fugué.

25

À UN MOMENT DONNÉ, APRÈS QUE MAMAN EUT laissé mes sœurs à l'école, Amy était partie. Ses camarades de classe ne se souvenaient pas de l'avoir vue. Son professeur avait supposé qu'elle était absente. Il semblait que, la veille au soir, Amy et Ashley avaient eu un « léger désaccord » (selon les mots de maman) et ne se

parlaient plus. Elles avaient des horaires différents, alors Ashley présuma qu'Amy l'évitait.

J'informai maman que je n'avais rien
entendu de cela, et je lui promis de communiquer avec elle si cela se produisait.

Ma réaction initiale voulait que je me préci-
pite en bas pour raconter tout cela à Nona.
Mais était-ce une bonne idée ? Nona avait été
si bouleversée de s'être perdue, et cette histoire
pourrait déclencher un nouvel épisode de sa
maladie. Il n'y avait pas grand-chose à dire, de
toute façon. Amy réapparaîtrait sous peu, et
alors toutes ces inquiétudes auraient été vai-
nes.

« Quel endroit Amy choisirait-elle pour se
cacher ? » me demandai-je. Elle adorait les
livres ; alors, peut-être une librairie ou une
bibliothèque. Je l'imaginais aisément recroquevillée entre de hautes étagères, dissimulée
dans un endroit public. Ou bien elle s'était
rendue dans un musée ou dans un centre
commercial. J'essayai également de penser à
des amis qui auraient pu avoir des nouvelles
d'Amy. Elle avait mentionné une fille qui se
prénommait Vanessa dans un récent courriel.

« Courriel ! »

Je me levai d'un bond, surprise par un
souvenir. J'*avais* eu des nouvelles d'Amy, hier

soir. Elle avait essayé de téléphoner, mais je n'étais pas à la maison, et elle avait laissé un message. Elle m'avait demandé de vérifier mes courriels, mais je pensais à Josh et j'avais complètement oublié.

Cela ne prit que quelques minutes pour démarrer mon ordinateur, me connecter à Internet et faire dérouler mes messages. Quand je trouvai celui d'Amy, je cliquai dessus.

Bjr sœur préf,
Tu croiras pas ce k fait Ashley ! Totalement odieux !
JE REFUSE 2 VIVRE AVC ELLE ! !
Dc, je déménage avc toi. J'ai assez de $ pour un billet de car pour Lodi. Tu viens me chercher ?
Rép O+vite ! @2m1. Je t'M, Amy

Je relus le message une seconde fois en me fustigeant pour n'avoir pas lu mes courriels plus tôt. Elle avait envoyé cela hier soir et elle pourrait déjà être au terminus des cars à m'attendre. J'étais une sœur indigne ! Elle était si jeune et si vulnérable. S'il lui était arrivé quoi que ce soit, ce serait ma faute.

Je devais la rejoindre — et vite !

J'attrapai mon sac à main, qui contenait un jeu de clés supplémentaires de la voiture de Nona, courus hors de ma chambre et dévalai l'escalier. Je jetai un coup d'œil à la porte fermée du bureau de Nona, tentée de me confier à elle. Toutefois, elle s'inquiéterait, et cela pourrait entraîner une autre perte de mémoire. Je ne pouvais pas mettre sa santé en danger. Il vaudrait beaucoup mieux ramener Amy ici et expliquer ensuite toute l'histoire à Nona. Si je lui racontais tout maintenant, elle voudrait prendre la voiture pour se rendre au terminus elle-même, et me forcerait à rester à la maison. Après son aventure en voiture ce matin, ce n'était *pas* une bonne idée.

Après avoir laissé un mot d'explication pour dire où j'étais, je quittai silencieusement notre domicile.

Lorsque je fis tourner le moteur de la voiture de Nona, j'entendis le gravier crisser. Avant que je puisse bouger, quelqu'un ouvrit brusquement la portière. Dominic se tenait là, la mine renfrognée, les bras croisés sur la poitrine.

— Où crois-tu aller, ainsi ? me demanda-t-il.

Son attitude me mit en rogne, et je lui rétorquai sèchement :

— Ce ne sont pas tes affaires.

— Te garder en vie, c'est mon affaire.

— Je vais bien, mais ce n'est peut-être pas le cas pour ma sœur.

— Amy ? soupçonna-t-il, le ton radouci. Je hochai la tête.

— Je dois me rendre au terminus pour voir si elle y est.

— Laisse tomber.

Il maintenait une poigne solide sur la portière.

— Tu ne vas nulle part.

— Mais, Amy a besoin de moi ! m'exclamai-je ; puis je lui relatai rapidement l'appel de maman et le courriel d'Amy. Elle a seulement dix ans et elle voyage seule. N'essaie pas de m'arrêter.

— D'accord ; je ne le ferai pas, répondit-il d'un ton étonnamment affable.

— Merci, dis-je, soulagée.

— Mais je conduis. Tu ferais mieux de téléphoner à ta mère.

Je serrai les lèvres, sachant que de discuter ne servirait qu'à nous faire perdre du temps. Je le foudroyai donc du regard, avant d'accepter. Je le suivis à son pick-up, grimpai à l'intérieur et sortis mon portable. Je ne désirais *pas* parler à maman, mais je le fis quand même. Et quand j'entendis le soulagement dans sa voix enrouée de larmes, je fus heureuse d'avoir appelé.

Dominic et moi ne discutâmes pas beaucoup sur la route de Lodi. Je lui en voulais de la façon dont il m'avait rudoyée, pourtant, j'étais contente de son soutien. Je n'étais jamais allée au terminus des cars, mais je savais où il se situait, car il était près de mon cinéma favori. Heureusement, Dominic connaissait la route à suivre. Le stationnement était plein, mais nous attrapâmes au vol une place que venait de libérer une voiture, tout près de l'entrée.

Avant que Dominic n'éteigne le moteur, j'avais retiré ma ceinture de sécurité et je m'étais précipitée à toute vitesse vers le terminus. Une famille nombreuse était assise sur un banc à l'extérieur, les bagages empilés aussi haut que le plus petit des enfants, et quelques types aux cheveux coupés ras comme des soldats étaient appuyés contre un mur. Je les dépassai précipitamment et entrai dans le bâtiment.

Mais il n'y avait aucune trace d'Amy, et, lorsque je vérifiai l'horaire, je découvris que son bus ne devait arriver que dans une heure. Je me laissai donc choir sur un banc à côté d'un groupe de femmes âgées portant toutes des maillots bleu et blanc d'une équipe de quilles. Dominic se tenait près de la porte, le regard vigilant.

Je penchai la tête vers l'arrière et fermai les paupières, me laissant gagner par la lassitude. J'oscillais entre le sommeil et l'éveil, levant les yeux chaque fois que l'arrivée d'un car était annoncée, puis les refermais, puisqu'il s'agissait d'une fausse alerte.

Le temps passa. Je m'éveillai quelques fois, puis replongeai dans le sommeil. Quand je sentis qu'on me secouait doucement, j'ouvris les yeux et découvris Dominic à côté de moi, avec sa main sur mon épaule.

— Son car vient juste d'arriver, m'apprit-il.

— Merci.

Je clignai des paupières, puis je me redressai.

— Elle entrera par cette porte, dit-il en s'éloignant de moi.

Mon épaule picotait, là où sa main s'était posée. Je n'avais cependant pas le temps d'y réfléchir. Une foule de gens se rua dans le terminus, et ma sœur apparut.

— Amy ! lui criai-je.

— Sabine ! appela-t-elle joyeusement.

Nous courûmes toutes les deux et nous nous enlaçâmes avec force.

— Je suis tellement contente de te voir ! pleurai-je en tendant la main vers une mèche emmêlée de cheveux bruns qui lui tombait sur le front.

— J'avais peur que tu ne sois pas là.

— J'ai failli ne pas y être. C'est la chose la plus stupide que tu aies jamais faite.

— Pas du tout !

Sa voix résonnait de fierté, et elle n'avait pas du tout l'air contrit.

— Ça donnera une leçon à Ashley ! Elle avait tort de dire que je suis inintéressante. Ce n'est pas elle qu'on surprendrait à manquer l'école et à s'enfuir.

— Tu as fait peur à tout le monde ! lui dis-je sévèrement. Maman était morte d'inquiétude.

— Tu as parlé avec *elle* !

Amy me lança un regard accusateur.

— Lui as-tu dit où j'étais ?

— J'ai dû le faire, sinon elle aurait appelé la police.

— Je m'en fous. J'aimerais mieux qu'on me passe les menottes et qu'on me mette en prison plutôt que de retourner là-bas.

— Suis mon conseil, et laisse tomber les menottes, rétorquai-je en regardant tristement les ecchymoses sur mon poignet.

Puis, plus sérieusement, je lui demandai :

— Pourquoi t'es-tu enfuie ? Quoi qu'ait pu faire Ashley, ça ne pouvait pas être si grave.

— Pire ! Son visage était déformé par la colère. Je la déteste.

— Raconte-moi tout dehors, lui dis-je, élevant la voix pour couvrir le bruit.

Tout près, il semblait y avoir des retrouvailles familiales, avec beaucoup d'embrassades et de cris.

Dominic nous rejoignit et sourit à Amy en lui proposant de porter ses sacs.

— Attendez-moi ici le temps que je récupère le camion, nous dit-il.

Il n'était pas garé très loin ; je devinai donc qu'il faisait preuve de délicatesse en nous laissant seules afin que nous puissions parler en privé.

— Que s'est-il passé ? la questionnai-je en m'asseyant à côté d'elle sur un banc de bois.

— Hier, j'étais dans ma chambre en train de lire, quand Ashley a fait irruption. Amy pinça les lèvres. Elle n'a pas frappé — elle ne le fait jamais. Puis elle m'a ordonné de lâcher mon livre et m'a demandé d'aller flâner avec elle. J'ai voulu savoir pourquoi elle n'était pas avec l'une de ses milliards d'amies. Elle m'a répondu qu'elles étaient toutes occupées. Je lui ai rétorqué que j'étais occupée aussi.

— Pourquoi as-tu dit cela ?

— Parce que je déteste être la dernière sur sa liste. Elle n'a jamais de temps pour moi quand je m'ennuie, alors pourquoi laisserais-je tout tomber pour faire ce qu'elle veut ?

— Auparavant, vous étiez inséparables, lui fis-je remarquer avec tristesse.

— Et tu vivais avec nous, avant. Les choses changent.

Je hochai la tête, chagrinée. Puis je l'écoutai pendant qu'elle me racontait la suite des événements. Ashley pouvait être la personne la plus adorable au monde — tant qu'elle obtenait ce qu'elle souhaitait. Le refus d'Amy avait suscité sa fureur. Elle avait marché avec fracas jusqu'au lit, puis saisi brutalement le livre d'Amy.

— C'était un exemplaire rare de *Découverte à l'antre du dragon* sous une jaquette en parfait état, ajouta Amy avec indignation. Je lui ai crié de me le rendre, mais elle l'agitait dans les airs et refusait. J'ai plongé pour le reprendre, sauf que j'ai raté ma cible et que j'ai frappé Ashley. Elle a un tel sens de l'exagération ; elle s'est mise à hurler que j'avais essayé de la tuer. Enfin, je devais récupérer mon livre, et j'ai foncé à nouveau. Elle s'est reculée brusquement lorsque je l'ai attrapé ; c'est alors qu'il y a eu cet horrible bruit de papier qui se déchire ! Je suis devenue folle et j'ai commencé à la rouer de coups. Nous nous sommes ensuite écroulées sur le tapis, complètement prises par notre bagarre, quand maman s'est précipitée dans la chambre.

— Oh, non !

Ma main vola jusqu'à ma bouche.

— Lorsque maman a vu que le nez d'Ashley saignait, elle a paniqué. Elle ne voulait même pas m'écouter. Et… Et elle n'en avait rien à faire que la jaquette de mon livre était fi… fichue.

Amy, en sanglots, se couvrit le visage.

Je la serrai tout contre moi et lui caressai les cheveux, le cœur douloureux de tristesse. Qu'était-il arrivé à ma famille ? Mes sœurs avaient l'habitude de se chamailler — quelque-fois avec moi —, mais jamais ainsi. Ashley avait un caractère vif, mais il était facile de raisonner avec elle une fois qu'elle était calmée. Amy gardait la colère en elle comme une bouteille fermée avec un bouchon de liège, bouillant à petit feu en silence, jusqu'à ce que je l'amène à s'ouvrir et à me parler de ses sentiments.

— Partons d'ici, dis-je à Amy. Allons chez Nona.

Elle s'essuya les yeux et acquiesça d'un air hébété.

Dominic nous attendait près de son pick-up. Il le contourna et ouvrit la portière. Je grimpais à l'intérieur, quand il y eut un crissement de pneus. Je pivotai et vis la voiture de ma mère.

— Oh, non ! gémit Amy en me serrant fortement, les paumes moites.

— Ça ira, lui dis-je.

Mais je n'en étais pas si convaincue. Papa était peut-être l'avocat de la famille, mais même lui n'était pas de taille quand maman était furieuse. Quoique, d'habitude, c'était moi qui étais dans les ennuis jusqu'au cou. Je me sentais responsable d'Amy, et j'étais déter-minée à prendre sa défense. Je me préparai à une scène déplaisante.

Cependant, maman eut un regard pour Amy avant d'éclater en sanglots. Pas de cris ni de reproches ; elle se contenta d'ouvrir les bras et de se précipiter vers ma sœur. La portière côté passager s'ouvrit et Ashley descendit, des larmes coulant sur ses joues, à elle aussi. Elle présenta ses excuses à Amy, ajoutant qu'elle avait fait des recherches sur le Web et commandé un autre exemplaire du livre qu'elle avait détruit. Cela déclencha les pleurs

d'Amy. Puis les trois reniflèrent et s'embrassèrent.

Je me tenais à l'écart de cette scène, en
observatrice. Comme si je ne faisais pas vraiment partie de ma propre famille. Une boule
se forma dans ma gorge, et je me détournai
pour monter dans le pick-up avec Dominic. Je
n'avais pas ma place dans cette heureuse
réconciliation.

— Attends, Sabine.

C'était maman ; elle laissa les filles et se
lança derrière moi.

Hésitante, je me tournai vers elle.

— Quoi ?

— Je voulais simplement te remercier, dit-
elle, les yeux brillants d'émotion.

— Bien… Je pivotai sur le trottoir. Il n'y a
pas de quoi.

— Tu as agi avec tellement de prompti-
tude en démontrant une maturité étonnante.
Quand Ashley m'a avoué ce qui s'était réellement passé, je me suis sentie vraiment mal,
admit-elle d'un ton las. J'étais terrifiée à la
pensée de peut-être ne plus jamais revoir Amy.
Puis tu as téléphoné, et j'ai conduit comme une
folle jusqu'ici. Merci, mon Dieu : elle est saine
et sauve ! Je suis tellement reconnaissante.

Ensuite, ma mère — qui n'était pas démons-trative — m'a serrée dans ses bras.

D'abord, je me suis raidie, puis je me suis laissé aller et je l'ai enlacée à mon tour.

Un peu plus tard, les larmes furent séchées, et ma mère et mes sœurs grimpèrent dans la voiture de maman pour retourner à San Jose.

— Viens vite nous rendre visite, Sabine. Nous avons beaucoup de choses à nous raconter, me dit maman en me jetant un regard entendu.

Je ne savais pas exactement de quoi elle voulait parler, mais c'était agréable de se sentir désirée, alors je hochai la tête en signe d'assentiment.

Puis elles se mirent en route, et je rejoignis Dominic dans son pick-up.

— Merci d'avoir attendu, lui dis-je en ouvrant la portière de droite.

— Je ne pouvais pas te laisser ici — c'est une longue marche pour rentrer.

— Je n'y serais jamais arrivée, rétorquai-je avec un soupir de fatigue.

Son regard taquin se chargea d'inquiétude.

— Ça va ?

— Je suis épuisée, mais je me sens bien.

— Tous les problèmes sont réglés ? me demanda-t-il.

— Mouais. Amy ne déteste plus Ashley. Et maman s'est comportée de façon incroyablement convenable.

— Elle t'aime, déclara-t-il avec simplicité.

— J'imagine que oui.

Je souris, un peu surprise de réaliser que c'était la vérité.

Je tendis la main pour prendre ma ceinture de sécurité. En me tournant, je remarquai un mouvement furtif sur le siège arrière. Ma première pensée fut que l'un des animaux de Dominic était monté faire un tour avec nous. Cependant, je regardai sur le siège et j'aperçus une sphère de verre, avec des couleurs d'arc-en-ciel qui scintillaient de l'intérieur.

Totalement, absolument, complètement impossible !

Pourtant, elle était là avec nous.

La boule de cristal ensorcelée.

26

DOMINIC RÉAGIT AVEC TOUT AUTANT D'INCRÉDULITÉ quand il regarda sur le siège arrière. Nous étions comme deux statues, figées avec notre bouche ouverte, n'esquissant aucun geste pour toucher la maléfique boule de verre.

Finalement, Dominic parla :

— Ça ne se peut pas !

— Mais c'est le cas, dis-je dans un murmure étouffé, les mains nouées autour de la ceinture de sécurité. Qu'allons-nous faire ?

— Ce que nous aurions dû faire il y a des jours de cela, répondit-il l'air résolu. La réduire en bouillie.

Je frissonnai, mais compris que c'était la meilleure solution. Hortense nous mettait au défi, et nous devions l'arrêter. J'écoutai attentivement pour entendre tout conseil que pourrait m'offrir Opal, et j'éprouvai la certitude qu'elle appuierait tout ce que je déciderais de faire.

— D'accord, dis-je à Dominic. Détruis-la. Mais pas ici, dans un endroit public.

Il acquiesça.

— Mieux vaut le faire à la ferme.

— OK. Mais emmène-la loin de moi.

— Je vais l'attacher derrière.

— Merci, répondis-je, me laissant retomber dans mon siège, épuisée.

Je pivotai pour le regarder pendant qu'il se tournait vers le siège arrière et soulevait avec précaution la boule, qui avait cessé de briller. Sans la lueur menaçante, elle ressemblait à une ampoule inoffensive. Sauf que je n'étais pas dupe et que j'en frémis.

Quand la boule fut sous clé dans le coffre en métal argenté dans la caisse du pick-up, et pas avant, je pus enfin soupirer de soulagement. Bouclée. Et bientôt, elle serait détruite.

Une minute plus tard, Dominic grimpa dans le véhicule et démarra le moteur.

Pendant que nous quittions le terminus, Dominic et moi décidâmes de l'envelopper solidement et ensuite de l'écraser avec un marteau. Nous devions le faire de façon à ne laisser aucun fragment qui permettrait à Hortense de s'y accrocher. Extinction totale. Nous procéderions ensuite à une cérémonie de bannissement et exorciserions le fantôme à jamais.

Une fois cette décision prise, notre conversation dévia sur Nona. Dominic était impatient de rentrer à la maison et de vérifier ses messages.

— Il y a de bonnes chances que ce gars m'ait rappelé à propos des breloques en argent. Je crois qu'il sera en mesure de nous aider à en trouver une autre.

— Ce serait tellement formidable.

— Trois breloques seront peut-être suffisantes pour trouver le livre de remèdes.

— Mais, dans quel état sera-t-il après toutes ces années ? m'inquiétai-je.

— Nous pourrions le faire restaurer, suggéra-t-il en jetant un œil dans son rétroviseur.

— De ce que je sais à propos d'Agnès, elle était trop intelligente pour abandonner le livre dans un endroit où il ne serait pas en sécurité. Je m'imagine qu'elle a choisi un contenant hermétique et qu'elle l'a enterré près d'un point de repère ou d'un bâtiment qui pouvait traverser le temps.

— Mais, une si longue période ?

Je me laissai retomber sur mon siège, écrasée par tant d'inquiétude.

— Cette quête semble tellement désespérée.

— Seulement si tu abandonnes tout espoir.

— J'espère, de tout mon cœur.

— En entier ? me demanda-t-il en m'observant d'un air sérieux.

Son ton était chargé de sens, et mon cœur plein d'émotions s'emballa d'une curieuse manière. De la façon dont il me regardait, je me sentais moins seule. Comme s'il était quelqu'un en qui je pouvais avoir confiance.

Mais je croyais en Josh aussi. Sauf que, lui, il ne me ferait plus jamais confiance, et je devais admettre la fin de notre histoire. Peut-être qu'avec le temps, il pourrait me pardonner et que nous pourrions être amis. Mais rien ne serait plus jamais pareil.

Les choses changeaient également avec Dominic. Et peut-être n'était-ce pas mauvais. Il y avait quelque chose en lui qui m'intriguait. J'essayais d'agir comme si je n'avais pas conscience de sa présence, le regardant furtivement du coin de l'œil. Des traits forts, des cheveux châtains juste un peu trop longs, de sorte qu'une mèche frisait à la base de son cou, ainsi qu'une bouche qui serait aussi dure qu'un clou ou aussi douce qu'une plume. Ses yeux étaient deux mares remplies de douleurs passées et de promesses à venir. Et je me demandai comment nous serions, ensemble...

Il semblait savoir que je l'observais, et ses lèvres s'incurvèrent.

Puis il regarda de nouveau la route et le sourire se mua en grimace d'horreur.

— NON ! hurla-t-il.

En un éclair, je vis la vache en travers de la route, yeux grands ouverts, comme des miroirs. Figée, en plein milieu de notre voie.

— ACCROCHE-TOI ! me cria Dominic, écrasant son pied sur le frein, tirant d'un coup sur le volant et zigzaguant follement.

Tout se déroula si vite — les freins qui crissaient, nous qui virevoltions de manière incontrôlée et faisions du slalom sur la voie, tournoyant à toute allure, puis plongeant dans un fossé en faisant plusieurs tours sur nous-mêmes. J'entendis du verre qui se brisait et le bruit d'une collision explosa dans ma tête.

Puis la dernière prédiction de la boule de cristal ensorcelée se réalisa.

Je mourus.

27

ÊTRE MORTE, CE N'ÉTAIT PAS SI MAL.

Lumière et paix — à part une impression détachée de désorientation. Je flottais au-dessus du sol, sans ressentir le froid ni la peur. Je pouvais voir le pick-up de Dominic — ou ce qui en restait — démoli et penché sur le côté avec deux roues qui tournaient. Les charnières du coffre de métal, à l'arrière, avaient lâché. Le couvercle avait volé à plusieurs mètres de là et gisait sur le sol, entouré d'éclats de verre qui scintillaient comme des étoiles tombées sous un lampadaire. Et, tout près, une vache avançait d'un pas lourd en direction de son pâturage.

Je vis Dominic affalé sur le siège du conducteur, inconscient. Je réalisai que j'aurais dû être plus bouleversée, ou à tout le moins effrayée. Tout ce que je ressentais, c'était un sentiment diffus d'inquiétude, qui passa rapidement. Je savais qu'il était en vie et qu'il s'en sortirait. Une lumière éblouissante m'entourait, et j'étais de bonne humeur, joyeuse. J'avais des endroits à visiter et des gens à voir, et j'étais impatiente de partir...

— Pas encore, Sabine.

J'entendis une voix familière, et, quand je regardai près de moi, j'aperçus Opal. Pas seulement le visage flou aux cheveux noirs que je voyais habituellement dans ma tête, mais une personne réelle et vivante, comme moi.

— Opal !

Je tendis les bras et j'eus l'impression de flotter dans les siens. Lorsqu'elle m'enlaça, les sensations merveilleuses se multiplièrent et tout fut parfait. Pas d'inquiétudes ni de peurs ; rien, excepté l'amour.

— Est-ce que ça va ? me demanda-t-elle.

— Bien sûr ! Je ne me suis jamais sentie mieux.

— C'est juste le commencement, dit-elle avec un sourire ironique. Es-tu certaine que c'est ce que tu veux ?

— Bien sûr !

La lumière brillante m'envahit et j'eus l'impression d'être soulevée. Je ne pouvais plus voir le pick-up ni Dominic. Sauf que, d'une certaine façon, cela ne me donnait pas une bonne impression, et une vague de confusion me tira en bas.

— Que se passe-t-il ? Je ne sais plus où j'en suis…

— C'est toujours déroutant, au début, me dit-elle gentiment.

— Est-ce que je suis dans l'Autre monde ?

— Pas encore.

— Suis-je morte ?

— Pour le moment.

Elle tenait mes mains et me fixait dans les yeux.

— Est-ce cela que tu veux ?

— Je suis heureuse d'être avec toi, répondis-je simplement.

— Est-ce suffisant ? Qu'en est-il de ta famille et de tes amis sur la Terre ?

— Je les verrai un jour.

— Vrai. Mais elle ?

Elle pointa un endroit gris rempli de nuages où une silhouette d'ombre restait seule, à l'écart.

Ma joie incommensurable faiblit un peu en reconnaissant le fantôme de la boule de cristal. Elle était debout, solitaire dans le brouillard sombre du néant, pitoyable et coupée de tous les mondes.

— Pourquoi ne vient-elle pas avec nous ? lui demandai-je.

— Elle a trop peur.

— Mais, il n'y a rien d'effrayant, ici.

— Nous le savons, mais pas elle. Elle refuse de me parler, mais elle t'écoutera peut-être. Veux-tu aller à elle ?

— Et laisser tout cela ?

Je fis un grand geste pour embrasser ce qui m'entourait ; il ne s'agissait pas de quoi que ce soit de matériel, mais plus d'une aura de joie pure. Derrière l'horizon, je voyais des silhouettes diffuses de gens souriants, me saluant et impatients de m'accueillir. Et j'avais très envie de me joindre à eux, d'avoir toutes les réponses à mes questions et de me réjouir d'être rentrée à la maison.

Pourtant, le fantôme pitoyable des temps passés qui s'accrochait à un morceau de verre sans vie me touchait le cœur. La boule de cristal était son seul foyer. Je ne pouvais pas simplement l'abandonner.

Je me retrouvai à m'éloigner d'Opal, attirée dans un vide grisâtre. Les émotions de bonheur s'évanouirent, et je restai avec une douleur infinie, pire que tout ce que j'avais pu éprouver auparavant. Comme si mon cœur avait été arraché sauvagement.

— Hortense, criai-je en me débattant contre la panique et la peur. Acceptes-tu de me parler ?

Elle surgit plus près, ses mains agrippées comme des serres d'oiseau à sa jupe sombre et fanée. Son visage était plissé ; on aurait dit que tout ce qu'il y avait de vie en elle avait été soutiré.

— Laisse-moi tranquille, ordonna-t-elle en se détournant.

Mais je la contournai pour lui faire face.

— Je t'en prie, écoute-moi. Tu ne peux pas continuer ainsi.

— Pourquoi cela devrait-il t'inquiéter ? me demanda-t-elle, hautement méfiante. Tu n'as réussi qu'à me causer plus d'ennuis en volant ma boule de cristal et en utilisant ta magie noire pour me contrer.

— Je n'avais aucune intention de te faire du mal.

— C'est ta faute. Je t'ai avertie que tu mourrais, et c'est arrivé. Tu as été stupide de défier mes pouvoirs. Maintenant, tu souffriras comme j'ai souffert.

— Sauf que je ne souffre pas. Je suis heureuse, dis-je en lui lançant un sourire. J'aimerais t'aider à trouver le bonheur aussi.

— Je n'ai pas besoin d'aide, juste qu'on me laisse seule.

— Personne ne mérite de se retrouver aussi seul, répliquai-je en désignant d'un geste le vaste espace de grisaille qui l'entourait. N'as-tu pas de la famille avec laquelle tu aimerais être ?

— Famille ? Sa bouche se tordit en une grimace. Ceux qui m'ont déclaré leur amour m'ont quittée. Mes parents et mes frères et sœurs ont contracté la peste. J'ai été forcée de faire un mariage sans amour. La seule chose positive, ce fut un enfant que j'ai porté, mais il est mort quelques heures après sa naissance. Comme je n'ai pas réussi à concevoir la vie de nouveau, mon mari m'a abandonnée.

— Je suis désolée.

— Garde ta pitié et poursuis ta route.

J'étais tiraillée par l'envie de retourner à la lumière, où je savais que je serais reçue avec amour. Et je me demandai qui Hortense rencontrerait.

La réponse apparut tout à coup sans équivoque.

— Hortense, tu dois aller vers ta famille.

— N'entends-tu pas bien, jeune fille ? me dit-elle d'un ton sec. Je n'ai pas de proches.

— Mais oui… de l'Autre côté. Ils t'attendent tous.

Elle fronça les sourcils.

— Mais, c'est impossible.

— Tu les as peut-être oubliés, mais ils ne t'ont jamais abandonnée. Tes parents, tes frères et sœurs, et ton fils. Ils attendent tous ton retour.

— Mon petit bébé ? Ses rides s'adoucirent. C'est impossible ; il a à peine pris quelques bouffées d'air avant que son minuscule corps ne se raidisse.

— Cependant, il t'a aimée pendant ce court laps de temps, autant que tu l'as aimé, déclarai-je, sans en douter une seconde. Tout ce que tu as à faire pour le retrouver est d'aller vers la lumière.

— Il m'attend… moi ?

Sa voix n'était qu'un murmure.

— Oui. Il attend depuis un long moment déjà. Ne le fais pas patienter davantage. Je pointai en direction de la lumière brillante qui semblait à présent accessible au toucher. Va vers lui.

— Mon fils, murmura-t-elle. C'est impossible.

— Mais si. Il tend les mains vers toi.

— Oui… oui ! Je peux le voir.

Le visage d'Hortense était illuminé, et lentement elle ouvrit les bras. Puis elle s'avança. Je restai à l'écart, observant sa transformation ; les rides disparurent et furent remplacées par une peau douce et lumineuse. Même sa jupe terne semblait plus éclatante, et ses cheveux gris prirent une merveilleuse teinte châtain foncé. La lumière et l'amour l'entouraient comme une douce brume. Et la dernière chose que je vis, ce fut ses bras levés, et j'entendis une voix d'enfant crier : « Maman ! »

Puis Opal fut à côté de moi et je fus prise de vertiges. Elle me serra tout contre elle, murmurant que j'avais un choix aussi. Quand je baissai les yeux, je vis le pick-up déchiqueté, ses roues tournant dans le vide. Il y avait une forte odeur de diesel. Et je pensai à tous ceux que j'aimais — Nona, ma mère, mon père, mes sœurs et mes amis.

La lumière s'estompa et je fus happée par une tornade. Il y eut une sensation de lourdeur et énormément de douleur, puis tout devint noir.

— Accroche-toi, entendis-je une voix me demander au-dessus moi.

Des mains chaudes se saisirent doucement de moi, soulevant ma tête. Je sentis des lèvres chaudes sur les miennes. Soufflant et faisant pénétrer de l'air dans mes poumons.

— Respire, merde !

« Dominic, pensai-je. C'est Dominic. »

Encore une pression sur mes lèvres et une autre sur ma poitrine. La douleur était si intense que je renonçai et commençai à flotter au loin.

— Sabine !

Je vis le visage de Dominic au-dessus du mien.

— Reste avec moi… Je ne te laisserai pas partir !

Il me tint plus fort, le bouche-à-bouche qu'il m'avait administré se transforma en un profond baiser plein de douceur. Il caressait mes cheveux, le geste doux, sans me lâcher. Je m'accrochai à lui, l'embrassant à mon tour, me laissant emporter par un vibrant désir. Je m'abandonnai à lui, flottant à travers de douces émotions.

Je murmurai son nom, alors que d'autres sensations prenaient le dessus : le gravier froid qui me piquait, le sol dur sous moi, des coupures sur ma peau et une douleur grandissante dans ma tête. Tout devenait flou et je tremblais. À part la chaleur sur mes lèvres, le reste de mon corps était déchiré par la douleur.

Il y eut le son des sirènes, et je vis des lumières rouges et bleues qui clignotaient. Je pensai avec regret aux lumières étincelantes que j'avais laissées derrière moi ; la fête de retour à laquelle je ne m'étais pas jointe.

Puis je m'évanouis.

28

— SAMEDI, ME DIT L'INFIRMIÈRE QUAND JE m'éveillai et lui demandai quel jour nous étions.

— Quoi ?

Je croyais que je hurlais, mais le son qui sortit de ma bouche ressemblait au coassement d'une petite grenouille. Ma vue était embrouillée, mais, après avoir cligné des yeux, je pus voir que j'étais dans une chambre d'hôpital : des murs blancs, des draps blancs et un jardin de fleurs chatoyantes sur une étagère proche.

— Sabine, ma douce, entendis-je dire par la voix de ma grand-mère.

Elle se leva d'une chaise installée dans le coin et se précipita à côté de moi.

— Tu es de retour.

— Étais-je… étais-je partie ? demandai-je dans un murmure.

Elle me lança un regard étrange.

— N'en as-tu aucun souvenir ?

Venant d'elle, cette question paraissait bizarre. Mais je savais ce qu'elle voulait dire, même si mes souvenirs d'Opal, d'Hortense et des autres disparaissaient déjà ; comme un rêve qui nous échappe dès notre réveil. Je me contentai d'acquiescer.

Elle m'apprit qu'il était très tôt samedi matin, et qu'en conséquence elle était ma seule visiteuse.

— Mais ç'a été bondé de gens qui tiennent à toi. Ton médecin a fait des blagues en disant qu'il vendrait des billets. Tes parents et tes sœurs ont dû rentrer à la maison, mais ils reviendront plus tard. Et tes amis devraient être ici sous peu.

J'avais tellement de questions, mais Nona s'était dirigée vers l'étagère de fleurs et lisait les messages de « prompt rétablissement » et les autres. Quand arriva le tour d'un petit vase de verre avec des fleurs sauvages, elle en retira une enveloppe attachée dessus et elle me la remit.

— Ceci vient de Dominic. Il s'est comporté de façon très mystérieuse, m'ordonnant de ne pas l'ouvrir avant que tu t'éveilles, et il m'a dit qu'il s'agissait d'une surprise pour nous deux.

Je me redressai davantage sur mon oreiller et passai faiblement mon ongle sous le rabat cacheté. Je sortis un papier plié. Il était écrit : « Trois est une breloque ». Et il avait signé simplement « D ».

J'étais intriguée, jusqu'à ce que je comprenne qu'il y avait quelque chose d'autre dans l'enveloppe. Quand je regardai à l'intérieur, je poussai un cri d'excitation. Puis je soulevai une minuscule breloque en argent — très ancienne, finement ciselée à la main — imitant la silhouette d'un poisson miniature.

Nona était excitée, pleine d'espoir que le livre de remèdes serait trouvé bientôt. Et je l'étais aussi, pour plusieurs raisons.

Je voulais demander quels amis étaient venus, me reportant dans un éclair au baiser avec Dominic. Je ne pouvais pas faire semblant qu'il n'y avait rien entre nous. Il avait soufflé la vie en moi ; un baiser profond qui m'en apprenait plus que je ne désirais savoir. Pourtant, il me remplissait de joie également. Et, je devais me l'avouer, j'en avais tiré du plaisir.

Alors, qu'est-ce que tout cela signifiait ? Y avait-il quelque chose de sérieux entre nous ? Nous semblions différents, mais il comprenait mon don et je ne pouvais pas nier la chimie entre nous. Ma relation avec Josh était terminée, de toute façon. Il était en colère contre moi pour l'avoir laissé en plan, et Evan avait dû lui parler de mon étrangeté, à présent ; il ne voudrait donc plus rien avoir à faire avec moi. Sans Josh, je me sentirais seule, à l'école. Mais, avec Dominic, les heures après les cours pourraient se révéler très intéressantes.

Mon cœur recommença à battre douloureusement, et très peu de temps après une infirmière apparut avec des analgésiques. Je sirotai un peu de jus, avalai les pilules, puis me rendormis.

Quand je m'éveillai de nouveau, Nona était partie. Mais j'avais un autre visiteur — la dernière personne que je m'attendais à voir.

— Josh ! Toi… ici ? lui demandai-je d'une voix enrouée, certaine que j'hallucinais.

Il se leva de la chaise de plastique à l'allure inconfortable et s'avança à côté de moi.

— Sabine ! J'étais tellement inquiet.

— Ah oui ?

— Qu'est-ce que tu croyais ? Tu es ma petite amie.

Il se pencha pour serrer ma main.

— J'ai paniqué quand j'ai entendu parler de l'accident. Et je me suis senti très mal de t'avoir traitée si durement. Je n'étais pas au courant que ta sœur s'était enfuie. J'aurais dû te faire confiance et savoir que tu ne me laisserais pas tomber sans une bonne raison. Peux-tu me pardonner ?

— Moi ? Te pardonner ?

— J'ai sauté à la mauvaise conclusion. Merci, mon Dieu, tu vas bien ! Il me serra de nouveau la main. Et nous sommes ensemble. C'est tout ce qui compte.

— Mais… Ma gorge se noua ; je pris une gorgée d'eau. Mais, Evan… ne t'a-t-il pas… raconté ?

— Ah, ça. Josh leva les yeux au ciel. Ouais, il m'a montré un article de journal et m'a dit des choses à ton sujet.

— Es-tu en colère ?

— Tu peux le croire ! Contre tous ces gens stupides à ton école — et même contre Evan.

Pas étonnant que tu aies gardé cela secret. Cela a dû te blesser.

— Ça ne te… dérange pas ?

— Tu n'es pas responsable du fait que les autres sont ignares. Je sais ce que c'est que de perdre un être proche ; tu veux le reprocher à quelqu'un. En revanche, ces gens n'avaient pas le droit d'inventer ces mensonges sur toi.

— Des mensonges ?

— Ouais, bien sûr. Seul un idiot croirait que tu as le pouvoir de prédire l'avenir.

— Ouais. Je ris nerveusement. C'est fou.

— Quoiqu'en ce moment, je peux nous prédire un avenir formidable.

Il baissa les yeux vers moi, le regard si plein de tendresse que mon cœur se gonfla de reconnaissance.

Puis la porte s'ouvrit, et Manny et Thorn entrèrent en coup de vent.

Josh déclara qu'il partait afin qu'ils puissent me tenir compagnie un moment, mais il promit de revenir plus tard. Il se pencha ensuite pour m'embrasser doucement. Un baiser très doux qui aurait dû me faire sentir merveilleusement bien. Au lieu de cela, je fus rongée par la culpabilité en raison de ma trahison… et je ressentis une envie indéfinissable.

Je m'appuyai sur mon oreiller, fatiguée tout en étant contente d'être en vie et entourée d'amis.

J'écoutai Manny et Thorn me relater tout ce qui était arrivé depuis mon accident. Thorn avait effectivement retrouvé la voiture de K.C., sauf qu'elle avait été complètement démontée et que la plupart de ses effets n'étaient plus dedans. Alors, Thorn l'avait amené à la maison pour rencontrer sa mère pasteure, et il vivait avec eux en attendant de remettre sa vie sur les rails.

Penny-Love et Nona furent les suivantes à venir me visiter. Penny-Love était excitée de commencer à travailler avec Nona, et je voyais que Nona était soulagée d'avoir quelqu'un pour l'aider dans son entreprise. Nona ne parla pas beaucoup, se contentant de me tenir la main, pendant que Penny-Love racontait les ragots de l'école et ce qu'il y avait de nouveau à propos de sa plus récente histoire d'amour. Je n'avais pas le cœur de lui révéler que Jacques était tout simplement Jack et qu'il vendait peut-être de la drogue. Peut-être plus tard…

Au moment de leur départ, j'étais épuisée. J'avalai seulement une partie de mon repas insipide d'hôpital, puis je plongeai dans un sommeil profond.

Par la fenêtre, je vis que la nuit était presque tombée lorsque j'ouvris les yeux. Les chaises de visiteurs étaient vides. J'étais seule. Et je découvris que je me demandais pourquoi Dominic n'était pas venu me voir. Penser à lui me fit soudainement comprendre une chose. Quand il croyait que j'étais mourante, il m'avait dit qu'il m'aimait. De fait, selon le médecin, j'avais cessé de vivre pendant quelques secondes. Toutes les prédictions s'étaient réalisées.

Mais que se passerait-il à présent ? Josh était toujours mon petit ami — puis il y avait Dominic. Je n'arrivais pas à croire que deux garçons formidables m'aimaient ; je ne savais pas du tout quoi faire avec cela.

Il y eut des coups frappés à ma porte, ce qui m'étonna, car les heures de visites étaient terminées. Je prononçai un faible « entrez ». C'était ma mère.

— Bonsoir, Sabine, dit-elle.

Ses mots étaient très solennels, mais il y avait une chaleur nouvelle dans son ton.

— Salut, maman. Papa et les filles viendront-ils ?

Elle secoua la tête.

— Pas cette fois ; mais ils seront là demain.

— Bien.

Elle tira une chaise près de mon lit.

— J'ai fait exprès de venir seule, car j'ai quelque chose d'important à te dire.

— Quoi ?

— Je me suis posé beaucoup de questions, récemment. Le choc quand Amy s'est enfuie et ensuite ton accident m'ont fait reconsidérer des tas de choses.

— Je vais bien, maintenant, l'informai-je. J'ai des ecchymoses et des coupures, mais rien de sérieux. Tu n'as pas à t'inquiéter pour moi.

— Mais c'est le cas. Je suis désolée pour tout, Sabine. Je comprends à présent que j'ai commis une erreur effroyable.

— Une erreur ? lui demandai-je, intriguée par l'angoisse dans sa voix.

— Oui, chérie.

Elle se pencha vers moi et me prit la main.

— C'est pourquoi j'ai pris une décision grave à ton sujet.

— Quelle décision ?

— J'ai eu tort de te chasser de la maison. Il est temps pour moi de réparer. Elle fixa mon visage intensément et resserra sa main sur la mienne. Sabine, dès que tu iras assez bien pour voyager, tu reviendras vivre à San Jose.

FIN

VISIONS

Procurez-vous les tomes 1 et 2 de la collection

* * *

Ne meurs pas libellule et *La dernière danse*

tome 1

tome 2

www.AdA-inc.com
info@AdA-inc.com